本书出版获得2021年河北省科技计划软科学
创新平台高质量发展对策研究（课题编号：
链创新链精准对接的创新平台建设研究（课
的资助

经济管理学术文库·管理类

双链驱动下的
河北省科技创新平台高质量建设研究

Research on High-quality Construction of Science and
Technology Innovation Platform in
Hebei Province under the Drive of Double Chains

庄炜玮　张卫平　路文杰／著

经济管理出版社
ECONOMY & MANAGEMENT PUBLISHING HOUSE

图书在版编目（CIP）数据

双链驱动下的河北省科技创新平台高质量建设研究/庄炜玮，张卫平，路文杰著 .
—北京：经济管理出版社，2024.4
ISBN 978-7-5096-9703-0

Ⅰ.①双⋯　Ⅱ.①庄⋯　②张⋯　③路⋯　Ⅲ.①技术革新—研究—河北　Ⅳ.①F127.22

中国国家版本馆 CIP 数据核字（2024）第 091672 号

组稿编辑：王　慧
责任编辑：杨　雪
助理编辑：王　慧
责任印制：黄章平
责任校对：张晓燕

出版发行：经济管理出版社
　　　　　（北京市海淀区北蜂窝 8 号中雅大厦 A 座 11 层　100038）
网　　　址：www. E-mp. com. cn
电　　　话：（010）51915602
印　　　刷：唐山昊达印刷有限公司
经　　　销：新华书店
开　　　本：720mm×1000mm/16
印　　　张：13
字　　　数：199 千字
版　　　次：2024 年 6 月第 1 版　　2024 年 6 月第 1 次印刷
书　　　号：ISBN 978-7-5096-9703-0
定　　　价：79.00 元

前　言

　　习近平总书记指出，构建新发展格局最本质的特征是实现高水平的自立自强，必须更强调自主创新，全面加强对科技创新的部署，集合优势资源，有力有序推进创新攻关的"揭榜挂帅"体制机制，加强创新链和产业链对接。围绕产业链部署创新链、围绕创新链布局产业链，打造创新链与产业链闭环生态已成为决定科技竞争成败和推动经济高质量发展的关键。国家"十四五"规划提出，坚持创新在我国现代化建设全局中的核心地位，深入实施创新驱动发展战略，建设重大科技创新平台。创新平台建设对于加速新旧动能转换、培植新的经济增长点具有重要意义。科技创新平台建设是提升区域科技创新水平的重要载体，是实现产业链和创新链融合发展的坚实保障。河北省已建立包含研发平台、科技服务平台、科技成果转化及产业化平台在内的科技创新平台体系。这些平台是否协同高效地发挥了其应有的作用？是否真正加快了河北省科技成果的转移转化，从而进一步促进了河北省产业链和创新链深入融合发展？

　　本书按照"围绕产业链部署创新链、围绕创新链布局产业链"的思路，运用文献研究方法、政策分析方法、系统调查与分析法、统计和计量分析法等专门方法，对河北省产业链、创新链融合的科技创新平台需求进行研究。同时，通过对河北省科技创新平台建设和运行情况、河北省专利成果质量和转化前景、河北省科技创新平台论文产出价值等进行分析，以及对河北省科技创新

·1·

平台研究成果进行梳理，以期建立河北省创新资源清单、关键核心技术攻关清单，努力打通产业链"堵点"和创新链"痛点"，健全科技创新与产业发展协同对接机制。按照协同学理论，旨在准确把握河北省科技型企业的创新需求，精准匹配科技创新平台资源，并提供专业化集成服务方案。

本书在撰写过程中查阅了大量的政策文件、文献资料，选取河北省部分高校和企业进行座谈交流和问卷调查，在此过程中得到了众多支持和帮助，在此一并感谢！由于时间紧迫，水平有限，资料收集或有遗漏，内容撰写或有不足，敬请广大读者朋友和同行专家不吝赐教，批评指正。

目 录

第一章 绪论

一、选题背景

实施创新驱动发展战略是我国根据国内外发展态势、立足国家发展全局、面向未来发展做出的重大战略决策。2019 年 8 月 26 日，习近平总书记在中央财经委员会第五次会议上指出，"实施产业基础再造工程，做好顶层设计，明确工程重点，分类组织实施，增强自主能力。要打造具有战略性和全局性的产业链，围绕'巩固、增强、提升、畅通'八字方针，支持上下游企业加强产业协同和技术合作攻关，增强产业链韧性，提升产业链水平，在开放合作中形成更强创新力、更高附加值的产业链"。在省部级主要领导干部学习贯彻党的十九届五中全会精神专题研讨班开班式上，习近平总书记指出，构建新发展格局最本质的特征是实现高水平的自立自强，必须更强调自主创新，全面加强对科技创新的部署，集合优势资源，有力有序推进创新攻关的"揭榜挂帅"体制机制，加强创新链和产业链对接。围绕产业链部署创新链、围绕创新链布局产业链，打造创新链与产业链闭环生态已成为决定科技竞争成败和推动经济高质量发展的关键。如何打造创新链和产业链（以下简称"两链"）的融合机制，打通科技创新工作"最后一公里"，实现科技创新驱动经济高质量发展成为当前经济研究的重大课题。

科技创新平台建设是提升区域科技创新水平的重要载体，是实现产业链创新链协同发展的坚实保障。河北省已建立包含重点实验室、技术创新中心、产业技术研究院在内的科技创新平台体系。按照"河北产业有基础、整合资源有条件、未来发展有市场、符合产业技术演进趋势"的原则，河北省聚焦了5G与现代通信、机器人、氢能、先进钢铁材料等10个优势产业链。这些平台运行情况如何？是否真正加快了河北省科技成果的转移转化？是否与河北省主导产业相适应，从而进一步促进了河北省产业链和创新链深入融合发展？

为回答上述问题，本书按照"围绕产业链部署创新链、围绕创新链布局产业链"的思路，运用文献研究方法、政策分析方法、系统调查与分析法、统计和计量分析法等专门方法，对河北省产业链、创新链融合的科技创新平台需求进行研究。同时，通过对河北省科技创新平台建设和运行情况、河北省专利成果质量和转化前景、河北省科技创新平台论文产出价值等进行分析，以及对河北省科技创新平台研究成果进行梳理，以期建立河北省创新资源清单、关键核心技术攻关清单，努力打通产业链"堵点"和创新链"痛点"，健全科技创新与产业发展协同对接机制。

首先，对现有科技创新平台进行了总体分析和运行绩效分析，从总体运行、科研能力、对外科研合作、科研服务、拥有人才、人才培养、对外交流几个方面进行了建设和运行情况分析，并以重点实验室为例，对科技创新平台的运行绩效进行了评价；其次，针对河北省科技创新平台2020年的专利授权数据，利用本书所建立的指标体系和方法，对河北省科技创新平台专利成果质量和转化前景进行分析，识别出了高质量专利；再次，对河北省现有1400多个三类科技创新平台（重点实验室、技术创新中心、产业技术研究院）取得的成果进行了分析，邀请专家将成果所涉及的技术领域与河北省12大主导产业、所涉及的18条产业链条及所处的产业链条阶段进行了详细梳理；最后，梳理了河北省科技创新平台研究成果，形成成果汇编，部分成果在"河北省科技成果转化网"等省内外各级各类技术转移平台进行发布，为技术供需双方牵线搭桥。

二、研究意义

本书通过构建区域科技创新平台高质量发展测度指标体系，对科技创新平台建设状况的梳理分析、深度刻画，来反映平台的高质量发展实效，以对河北省科技创新平台的高质量发展水平及动态趋势进行客观度量，从定量分析中找到与国家科技创新发展目标的差距、找到与国内先进发达地区创新平台建设的差距和突破口，为进一步提升平台发展质量和能级提供科学支撑。定性分析新时代下河北省科技创新平台的发展现状及所面临的机遇和挑战，并从新发展理念视角探索科技创新平台高质量发展路径方式，可以为"十四五"河北省科技创新平台高质量发展、优化布局等提供系列化决策建议。本书为科技管理部门和地方政府准确把握当前平台发展状况并制定和落实相关政策提供参考借鉴，对更好地实现科技创新平台高质量发展目标具有重要的现实意义。同时，研究河北省也可以对我国其他地区早日实现科技创新平台的高质量发展起到一定的参考和借鉴作用。对于促进产学研协同创新、加快创新资源布局，打造河北省高科技创新闭环，具有重要意义。

三、研究方法

受统计数据延迟性影响，本书选用2020年为研究时段，研究主体为河北省11个地级市的科技创新平台体系，对各地市包括重点实验室、技术创新中心（工程技术研究中心）、产业技术研究院在内的三类科技创新平台进行实证分析，通过测算各地市科技创新平台的高质量发展指数来评估其实际发展状况。本书始终坚持数据的科学性和准确度，所用数据主要来源于《河北省科技统计年鉴》、《河北省国民经济和社会发展统计公报》、河北省科学技术情报研究院及河北省科学技术厅科技平台建设与基础研究处统计数据年度报告及相关网站等，对于个别缺失的数据，结合实际并按照往年情况进行平滑填补处理，无法按历年发展状况进行填补的个别数据，则使用平均水平进行替代。

本书采用文献研究方法、政策分析方法，通过阅读梳理相关著作文献，研究国家和河北省有关产业链创新链融合发展、科技创新平台建设、科技创新平台评估等有关政策文件，为项目提供理论支撑。文献检索过程采取逆查法和追溯法相结合的方式，以期全面、系统地掌握目前产业链创新链融合发展、科技创新平台建设的研究现状和发展趋势。

本书采用系统调查与分析法，通过实地走访考察、座谈会议、数据对比等形式进行调查研究，对河北省科技创新平台建设进行分析，最后形成对现行绩效评价实施效果的主观评价。

本书采用统计和计量分析法，根据河北省科技创新平台论文、专利等产出的有关统计数据和原始资料，运用包括带有反熵权重约束锥的超效率 DEA 法、灰色关联分析法等统计学工具，对科技创新平台运行绩效及其影响因素进行了分析。

四、创新之处

一是厘清了"创新链"与"产业链"的关系。本书将科技创新平台的"创新链"与河北省主导产业"产业链"及其所处阶段联合起来，形成新的研究视角。

二是构建了新的科技创新平台绩效评价模型。本书将反熵赋权法加入超效率 DEA 模型中，构建带有反熵权重约束锥的超效率 DEA 评价模型，对科技创新平台运行绩效进行评价，并进一步对绩效的影响因素进行分析，在研究方法的选取上具有一定的创新性。

第二章 河北省科技创新平台基本情况

截至 2020 年，河北省共有 1191 个创新平台，其中有 276 个创新平台为京津冀共建，来源于天津市和河北省的 11 个城市，归属于 25 个归口评估领域，分属 16 个国民经济行业，涵盖 8 个学科大类。

第一节 平台级别和地区分布情况

一、平台级别情况

从创新平台级别来看，河北省国家级的创新平台仅有 17 个，省级的创新平台有 1174 个。如图 2-1 所示，河北省的创新平台绝大部分是省级，占创新平台总数量的 98.57%，国家级创新平台仅占 1.43%。河北省创新平台需提高创新平台建设质量和能力，进一步带动河北省的创新发展。

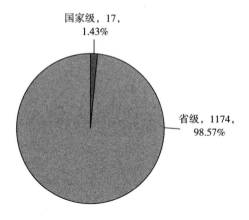

图 2-1　创新平台级别数量占比

二、地区分布情况

以数据中的"基本信息表"对"所在市县"一列的市县数据进行字段截取，仅保留到省市，并以此为据对创新平台所属省市进行地域分布关系的分析。从创新平台所在市情况上来看，河北省的 1191 个创新平台均分布在天津市和河北省的 11 个城市。如表 2-1 所示，归属于石家庄市的创新平台数量最多，是保定市创新平台个数的 2.3 倍，是唐山市创新平台个数的 3.4 倍，约占创新平台总数量的 29%；天津市的创新平台数量最少，约占创新平台总数量的 2%。从河北省各市创新平台数量来看，除石家庄市外，仅有保定市和唐山市的创新平台数量达到或超过 100 个，张家口市的创新平台数量仅有 32 个，约占创新平台总数量的 3%，其余 7 个市的创新平台数量均在 50~100 个，表明河北省创新平台在数量上发展不均衡。

表 2-1　截止到 2020 年不同市区创新平台数量

所在市	创新平台（个）
天津市/市辖区	20
河北省/保定市	148
河北省/唐山市	100

续表

所在市	创新平台（个）
河北省/廊坊市	96
河北省/张家口市	32
河北省/承德市	53
河北省/沧州市	84
河北省/石家庄市	343
河北省/秦皇岛市	83
河北省/衡水市	66
河北省/邢台市	82
河北省/邯郸市	84

第二节　平台建设情况

　　从平台建设类型上看，可分为两类，依托单位独自建设和多单位联合共建，在数量上相差不多，依托单位独自建设的创新平台有 612 个，占创新平台总数量的 51.39%，多单位联合共建的创新平台有 579 个，占创新平台总数量的 48.61%（见图 2-2）。河北省一半以上创新平台为独自建设，说明河北省的创新平台自建能力较强。

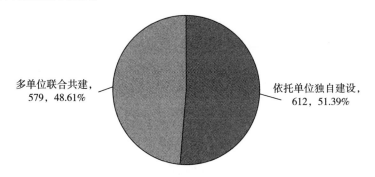

图 2-2　创新平台建设类型、数量及占比

一、平台建设单位类型

对于本书中所有单位类型的判定主要依赖两方面的信息：一方面以数据中所标明的类型作为参考进行分类；另一方面根据互联网上关于各类型单位的界定和单位官网上的自我定义，对于无法准确判定或不属于本报告所重点分析的单位标记为"其他"。其中，高校所属地域均以官网信息为准，对于多校区的高等院校，除已经标明的校区所在市外，均以最著名校区所在市为准。

如表2-2所示，共建单位类型中，高等院校数量最多，是企业共建单位数量的2倍，是科研机构共建单位数量的3.4倍，占创新平台总数量的25.94%，企业共建单位数量占创新平台总数量的13.35%，科研机构共建单位数量占创新平台总数量的7.72%。此外，创新平台大部分仅依靠单一类型的共建单位，仅有1.01%的创新平台依靠多类型的单位进行共同建设，说明河北省与共建单位类型合作较为单一。

表2-2 创新平台建设单位类型数量及占比

		数量（个）	占比（%）
共建单位类型	企业	159	13.35
	科研机构	92	7.72
	高等院校	309	25.94
	多类型	12	1.01
其他		619	51.97
总计		1191	100

二、共建单位所在地区

共建单位类型为高等院校的，根据所在省市可划分为12个省、30个市，各市的共建院校数量如图2-3所示，其中，石家庄市的高等院校共建数量最多，是北京市高等院校共建数量的 1.9 倍，是保定市高等院校数量的 2.6 倍，石家庄市在高等院校共建数量上优势明显。

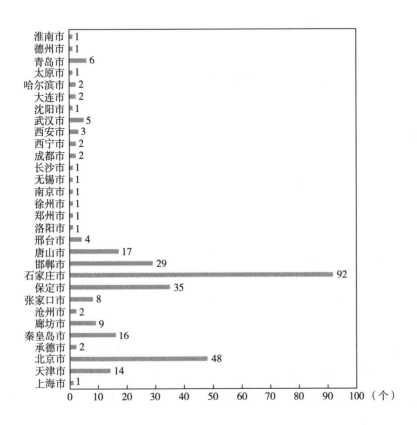

图 2-3 创新平台高等院校共建单位所在市数量

根据表 2-3 可以看出，河北省的高等院校共建单位数量最多，占总数量的 69%，说明河北省高校在与创新平台合作共建中发挥了重要作用。北京市高等院校共建数量占总数量的 16%，天津市高等院校共建数量占总数量的 4%，两地相加占总共建数量的 20%，反映了京津冀创新合作的良好现状。相比与京津合作，河北省与外省合作数量较少，与江苏省和湖北省的高等院校共建数量仅有 8 个。

表2-3 创新平台共建高等院校所在省份及数量

共建高等院校所在省份	个数
天津市	14
北京市	48
河北省	214
河南省	2
江苏省	3
湖南省	1
四川省	2
青海省	2
陕西省	3
湖北省	5
辽宁省	5
山西省	1
山东省	7
安徽省	1
总计	308

三、依托单位类型

从依托单位类型上看,依托单位类型为企业的创新平台共有843个,是高等院校依托单位数量的3.4倍,企业占依托单位总数量的70.78%(见图2-4),说明河北省创新平台更倾向于依托企业,其次是高等院校,占依托单位总数量的20.74%。

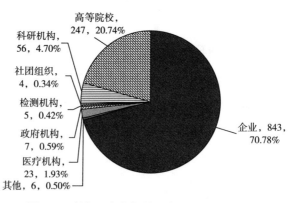

图2-4 创新平台依托单位类型、数量及占比

从创新平台组织形态数量上看，相对独立型的创新平台数量更多，是独立法人数量的1.3倍，占组织形态总数量的56.51%（见图2-5）。从创新平台法人资格数量上看，独立法人部分中企业法人的数量占独立法人数量的28.97%，是事业法人的3.9倍（见图2-6）。

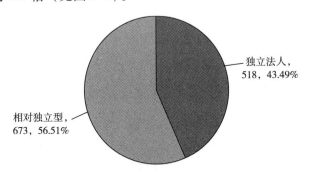

图 2-5　创新平台组织形态、数量及占比

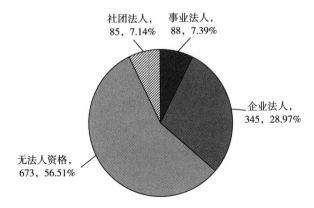

图 2-6　创新平台法人资格类型、数量及占比

第三节　产业、行业及学科分布情况

一、产业分布情况

从创新平台归口评估领域上来看，制造业技术领域的创新平台数量遥遥领

先，有 211 家，占创新平台总数量的 17.72%，是材料技术领域创新平台数量的 1.4 倍，是轻纺、医药卫生技术领域创新平台数量的 1.8 倍（见图 2-7）；从图 2-8 中可以看出，材料技术领域的创新平台数量占创新平台总数量的 12.34%，轻纺、医药卫生技术领域创新平台数量占创新平台总数量的 10.08%，农业技术领域创新平台数量占创新平台总数量的 7.98%。以上四类平台占比之和为 48%，接近创新平台总数量的一半。

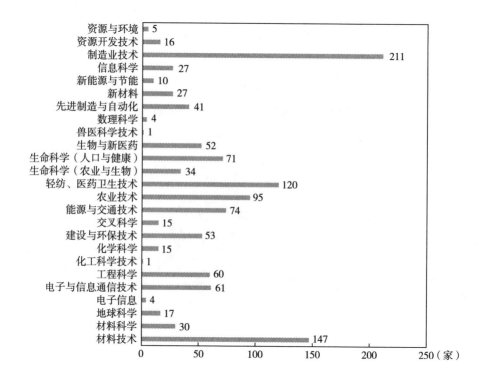

图 2-7　创新平台归口评估领域及数量

总体上看，河北省创新平台在制造业技术，材料技术，轻纺、医药卫生技术和农业技术领域中的数量较多，在资源与环境、新能源与节能领域中的数量较少。

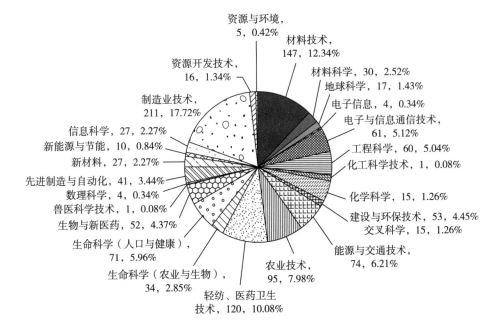

图 2-8 创新平台归口评估领域、数量及占比

二、行业分布情况

本书对创新平台基本信息表中"国民经济行业"一列的分类以 2017 年国家统计局发布的《国民经济行业分类（GB/T 4754—2017）》文件中国民经济行业分类数据为准。

从国民经济行业上来看，制造业的创新平台数量最多（629 家），占创新平台总数量的 52.81%（见图 2-9 和图 2-10）；其次是科学研究和技术服务业（152 家），占创新平台总数量的 12.76%；位居第三的是农、林、牧、渔业（131 家），占创新平台总数量的 11.03%。以上三个行业创新平台总量达到 912 家，占全部平台数量的 76.6%。信息传输、软件和信息技术服务业仅有 37 家，与未来数字经济产业发展要求相差较大。居民服务、修理和其他服务业，房地产和金融业的创新平台数量极少，表明创新平台的行业发展并不均衡。

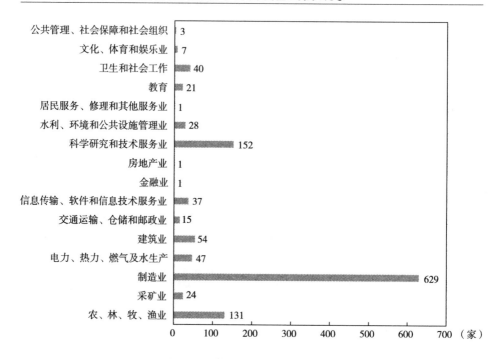

图 2-9　创新平台国民经济行业数量

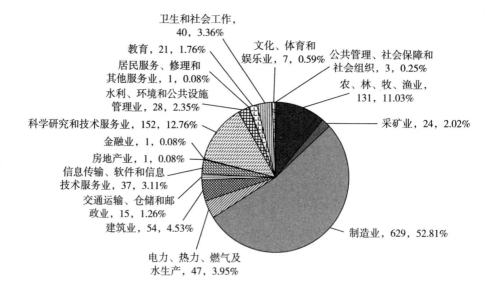

图 2-10　创新平台国民经济行业数量及占比

三、学科分布情况

(一) 工学学科占绝对优势

从学科上来看,由于河北省第二产业占比较大,所以属于工学学科的创新平台数量最多,从图 2-11 和图 2-12 可以看出,工学创新平台数量是理学创新平台数量的 5.8 倍,是农学创新平台数量的 6.6 倍,是医学创新平台数量的

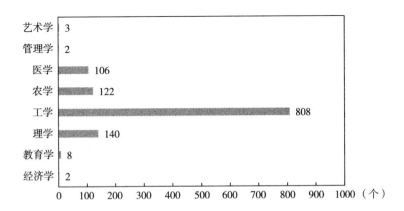

图 2-11   创新平台学科数量

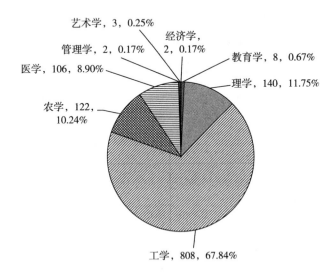

图 2-12   截止到 2020 年创新平台各学科数量及占比

7.6 倍，占创新平台总数量的 67.84%，理学、农学和医学三类数量上差别不大，教育学学科的创新平台数量比较少，仅占创新平台总数量的 0.67%。

（二）工学创新平台仍以传统学科为主

由于属于工学学科的创新平台数量最多，所以将创新平台所属的工学学科下的专业进行细分。从工学学科下专业的创新平台数量上来看，材料科学专业的创新平台数量最多，机械工程专业的创新平台数量次之，两者占工学学科创新平台总数量的 37.5%；电子与通信技术、动力与电气工程、化学工程和食品科学技术四类相差不大，其中电子与通信技术创新平台数量最多，占工学学科创新平台总数量的 7.05%（见图 2-13）。计算机科学技术平台有 25 个，占工学平台的 3.1%，数量与发展需求相差较大。安全科学技术创新平台仅有 1 个，侧面反映了河北省安全应急平台发展缓慢，尚未形成规模。

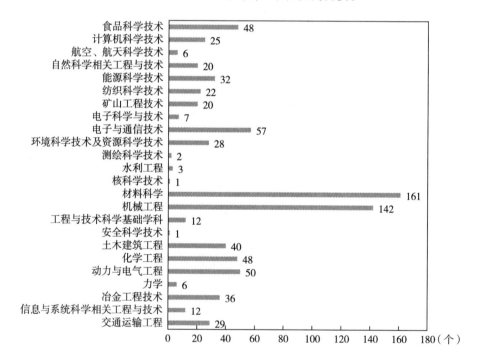

图 2-13　创新平台工学学科细分专业数量

将归口评估领域与国民经济行业结合起来，根据图 2-14 可以看出，材料

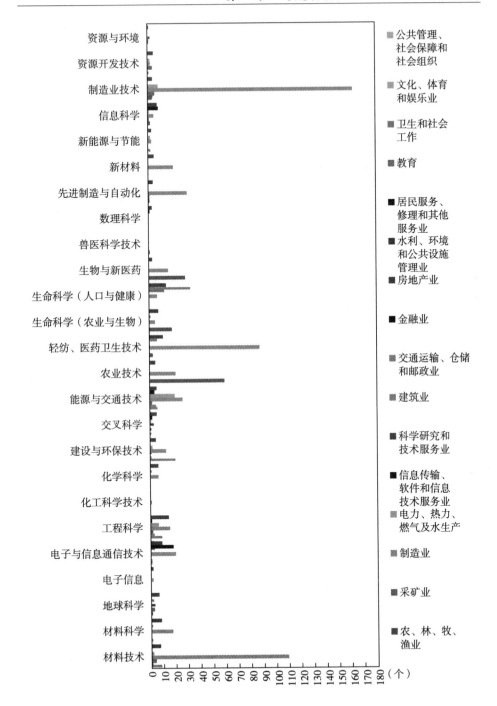

图 2-14 截止到 2020 年归口评估领域下各国民经济行业创新平台数量

技术领域和制造业技术领域以及轻纺、医药卫生技术领域创新平台主要服务于制造业，农业技术、生物与新医药领域平台主要服务于农林牧渔业。横向来看，工程科学、电子与信息通信技术领域涉及的国民经济行业数量最多，化工科学技术领域和兽医科学技术领域的国民经济行业数量最少，说明河北省工程科学和电子与信息通信技术在各类国民经济行业中运用范围较为广泛，侧面显示出现代社会信息化发展的迅速；化工科学技术领域和兽医科学技术领域专业性较强，使用的行业比较固定，不够宽泛。纵向来看，制造业、科学研究和技术服务业在各个归口评估领域中普遍存在，房地产、金融业和居民服务、修理和其他服务业在归口评估领域的运用较少，由于制造业处于能够体现一个国家生产力水平的特殊地位，而科学技术的发展又能够促进生产力的解放与发展，因此各个归口评估领域都离不开制造业、科学研究和技术服务业，展现出河北省对于经济发展的良好布局。

第四节　拥有人才情况

一、人员总数及流动情况

2020 年末，河北省创新平台从业人员共计 57302 人，年末固定人数共计 52409 人，年末流动人数共计 4893 人；当年新增总人数 6513 人，新增固定人数 5522 人，新增流动人数 991 人；减少总人数 2794 人，减少固定人数 2382 人，减少流动人数 412 人，共有学术技术领军人才 4467 人。

（一）从归口评估领域看

从归口评估领域年末总人数来看（见图 2-15），制造业技术领域的年末总人数最多，是材料技术领域年末总人数的 1.6 倍，是轻纺、医药卫生技术领域年末总人数的 1.8 倍,三者占整体年末总人数的 36.33%;化工科学技术领域和兽医科学技术领域的年末总人数最少,两者占整体年末总人数的 0.09%。

图 2-15 归口评估领域年末总人数

从归口评估领域年末固定和流动人数来看(见图 2-16),固定人数上,制造业技术领域,材料技术领域和轻纺、医药卫生技术领域的固定人数位列前三,三者之和占固定人数的 36.87%;制造业技术领域、材料技术领域和生命科学（人口与健康）技术领域的流动人数最多，三者之和占流动人数的30.66%；电子信息、化工科学技术、数理科学和兽医科学技术领域的流动人数较少，四者之和仅占流动人数的0.5%。

图 2-16　归口评估领域年末固定流动人员数量

从固定人数与流动人数比例来看，数理科学（48.50）、新能源与节能（30.81）和资源开发技术（29.80）领域的比值位列前三，地球科学（2.83）的比值最小（见图2-17）。

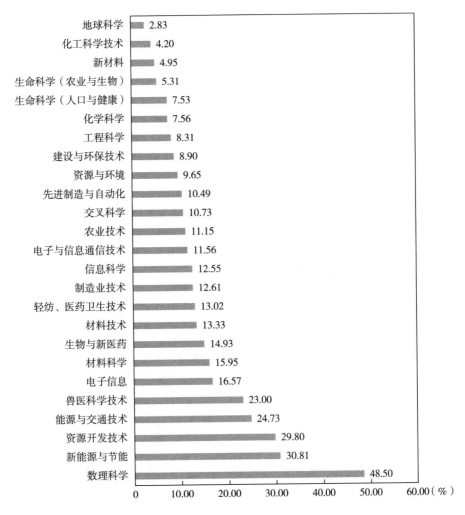

图2-17　归口评估领域年末固定与流动人数比例

从归口评估领域下总人数增减情况来看（见图2-18），化工科学技术领域总人数没有变动；制造业技术领域、材料技术领域与轻纺、医药卫生技术领域总人数的新增、减少和增长数量均位于前三；新能源与节能的总人数增长数量为负数；兽医科学技术领域的总人数增长数量最少。

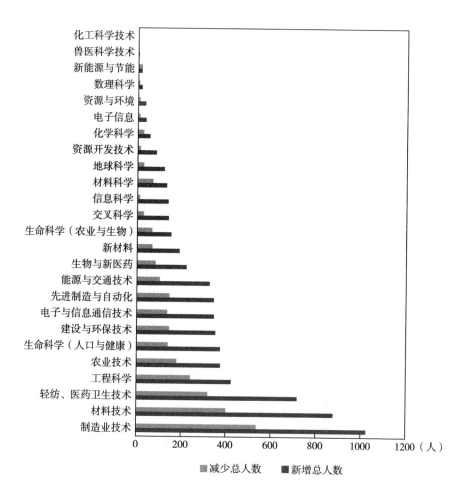

图 2-18　归口评估领域下新增和减少总人数

从新增和减少固定人数上来看，制造业技术领域、材料技术领域与轻纺、医药卫生技术领域的固定人数新增、减少和增长数量均位列前三，所有领域的增长数量均为正值（见图 2-19）。

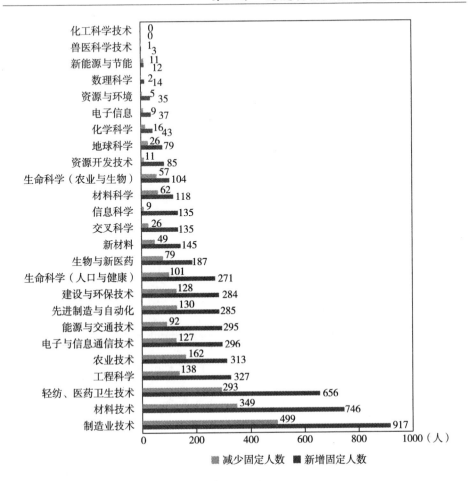

图 2-19 新增和减少固定人数

从新增和减少流动人数上来看（见图 2-20），材料技术领域、制造业技术领域和生命科学（人口与健康）的新增流动人数位列前三，有 1/5 的归口评估领域没有流动人员的新增；工程科学、材料技术、生命科学（人口与健康）领域的减少流动人数位列前三，有 1/9 的归口评估领域没有流动人员的减少；材料技术领域、制造业技术领域和生命科学（人口与健康）的流动人员增加数量位列前三，有 4/25 的领域流动人数增减平衡，4/25 的领域流动人数总体减少。

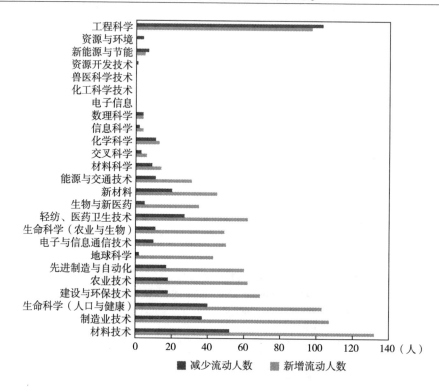

图 2-20 新增和减少流动人数

（二）从国民经济行业看

从国民经济行业年末总人数来看（见图 2-21），制造业的年末总人数遥遥领先，是科学研究和技术服务业年末总人数的 3.9 倍，是农、林、牧、渔业年末总人数的 5.3 倍，三者占整体年末总人数的 76.74%；居民服务、修理和其他服务业，以及房地产业的年末总人数最少，两者占整体年末总人数的 0.09%。

从国民经济行业年末固定和流动人数来看（见图 2-22），制造业、科学研究和技术服务业与农、林、牧、渔业的固定人数位列前三，三者之和占固定人数的 77%。制造业、科学研究和技术服务业与农、林、牧、渔业流动人数位列前三，三者之和占流动人数的 73.9%。此外，房地产业的年末流动人数为 0。

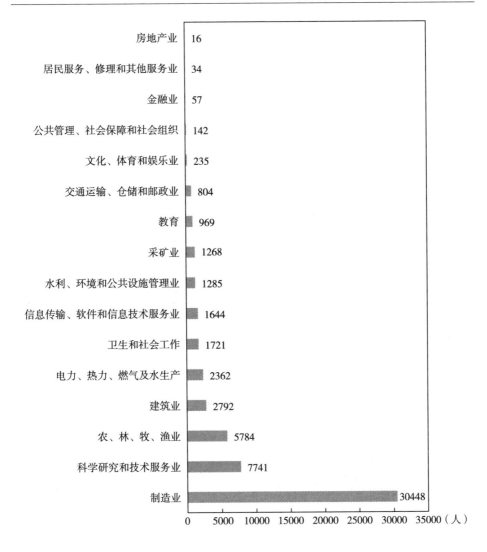

图2-21 国民经济行业年末总人数

从年末固定人数与流动人数比例来看，如图2-23所示，电力、热力、燃气及水生产，金融业，交通运输、仓储和邮政业的比值位列前三，且电力、热力、燃气及水生产远超其他行业，固定人数与流动人数比例最高，居民服务、修理和其他服务业的比例最小。

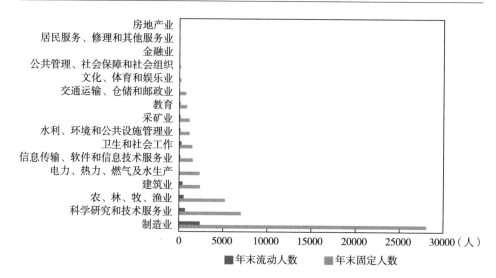

图 2-22 国民经济行业下年末固定和流动人数

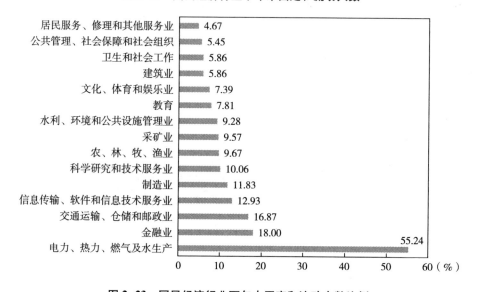

图 2-23 国民经济行业下年末固定和流动人数比例

从国民经济行业下总人数新增和减少情况来看（见图 2-24），房地产业与居民服务、修理和其他服务业总人数没有变动；制造业、科学研究和技术服务业与农、林、牧、渔业总人数的新增、减少和增长数量均位列前三；文化、体育和娱乐业与金融业的总人数增长数量为负数。

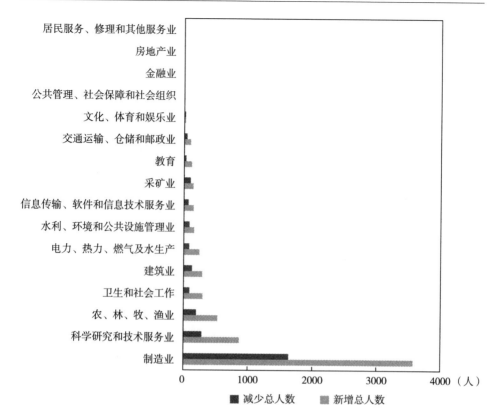

居民服务、修理和其他服务业

房地产业

金融业

公共管理、社会保障和社会组织

文化、体育和娱乐业

交通运输、仓储和邮政业

教育

采矿业

信息传输、软件和信息技术服务业

水利、环境和公共设施管理业

电力、热力、燃气及水生产

建筑业

卫生和社会工作

农、林、牧、渔业

科学研究和技术服务业

制造业

0   1000   2000   3000   4000（人）

■ 减少总人数   ■ 新增总人数

图2-24 国民经济行业下新增和减少总人数

从国民经济行业下新增和减少固定人数上来看（见图2-25），制造业、科学研究和技术服务业与农、林、牧、渔业的固定人数新增、减少和增长数量均位列前三，制造业的新增固定人数远超其他行业，文化、体育和娱乐业与金融业的增长数量为负值。卫生和社会工作的固定人员增减比值最大。

从新增和减少流动人数上来看（见图2-26），有5/16的国民经济行业没有流动人员的增减。制造业、科学研究和技术服务业与农、林、牧、渔业的新增流动人数和流动人数增加净值位列前三；制造业、建筑业与科学研究和技术服务业的减少流动人数位列前三；水利、环境和公共设施管理业与采矿业的流动人数增加净值为负数；农、林、牧、渔业，教育，信息传输、软件和信息技术服务业三个行业的新增与减少流动人数比值位列前三。

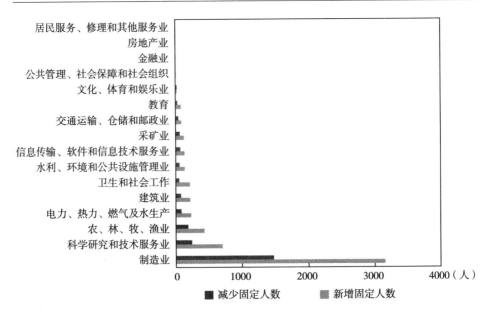

图 2-25　国民经济行业下新增和减少固定人数

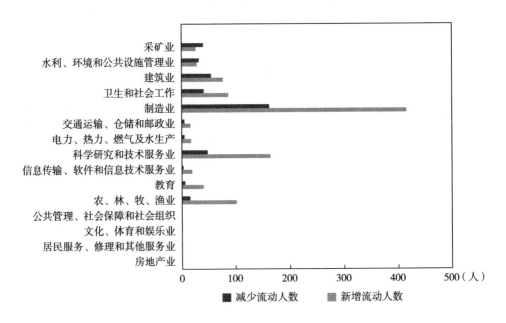

图 2-26　国民经济行业下新增和减少流动人数

二、人员职称情况

（一）从归口评估领域看

聚焦于固定人员情况，从各归口评估领域的固定人员职称来看（见图2-27），制造业技术领域的职称人数最多，是材料技术领域职称人数的1.6倍，是轻纺、医药卫生技术领域职称人数的1.8倍，占总职称人数的16.79%，化工科学技术领域的职称人数最少，仅占总职称人数的0.04%。

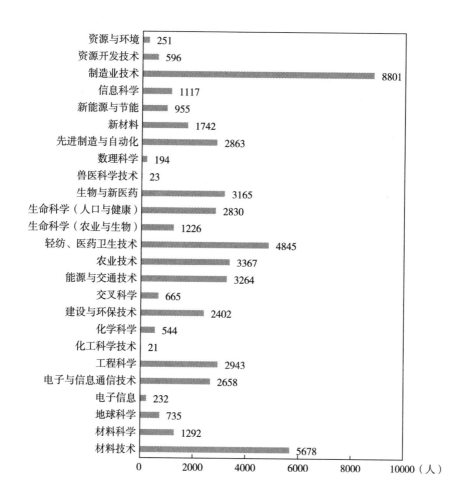

图2-27　归口评估领域下固定人员合计职称人数

从各级职称人数情况来看（见图 2-28），生命科学（人口与健康）、工程科学和制造业技术领域的正高人数位列前三，三者之和占正高人数的 29.51%；化工科学技术领域和兽医科学技术领域的正高人数极少，各自仅有 1 个正高；制造业技术领域、材料技术领域和工程科学的副高人数位列前三，制造业技术领域的副高人数是工程科学副高人数的 2 倍，三者之和占副高人数的 30.81%，化工科学技术领域的副高人数最少，仅为 1 个；制造业技术领域，材料技术领域，轻纺、医药卫生技术领域的中级人数位列前三，制造业技术领域的中级人数是轻纺、医药卫生技术领域的 2.2 倍，三者之和占中级人数的 39.01%；制

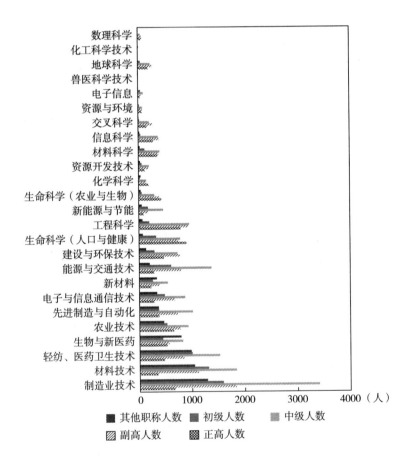

图 2-28 归口评估领域下各级职称人数

造业技术领域，材料技术领域，轻纺、医药卫生技术领域的初级人数位列前三，三者之和占初级人数的 48.48%；制造业技术领域，材料技术领域，轻纺、医药卫生技术领域的其他职称人数位列前三，三者之和占初级人数的 52.39%。初级人数和其他职称人数位列前三的领域与合计职称人数相同。

（二）从国民经济行业看

从各国民经济行业的固定人员职称来看（见图 2-29），制造业的职称人数遥遥领先，是科学研究和技术服务业职称人数的 4 倍，是农、林、牧、渔业职称人数的 5.4 倍，占总职称人数的 53.57%，房地产业的职称人数最少，仅占总职称人数的 0.03%。

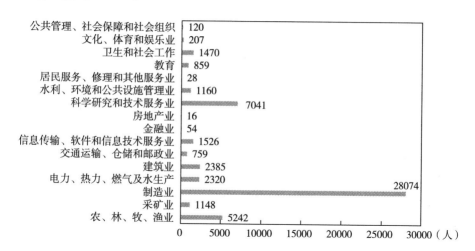

图 2-29　国民经济行业下固定人员合计职称人数

从国民经济行业下各级职称人数情况来看（见图 2-30），制造业，科学研究和技术服务业，农、林、牧、渔业的正高职称人数位列前三，三者之和占正高职称人数的 70.28%；制造业、科学研究和技术服务业和农、林、牧、渔业的副高职称人数位列前三，制造业的副高职称人数是科学研究和技术服务业副高职称人数的 2.8 倍，三者之和占副高职称人数的 72.62%；位列前三的中级职称人数与合计职称人数的行业相同，制造业中级职称人数远超其他行业，是科学研究和技术服务业中级职称人数的 4.5 倍，三者之和占中级职称人数的

76.69%；制造业，农、林、牧、渔业，科学研究和技术服务业的初级职称人数位列前三，制造业的初级职称人数位列第一，是农、林、牧、渔业初级职称人数的 7.7 倍，三者之和占初级职称人数的 80.96%；其他职称人数处于前三的行业与初级职称人数相同，制造业其他职称人数是农、林、牧、渔业的 7.1 倍，三者之和占其他职称人数的 90.07%。

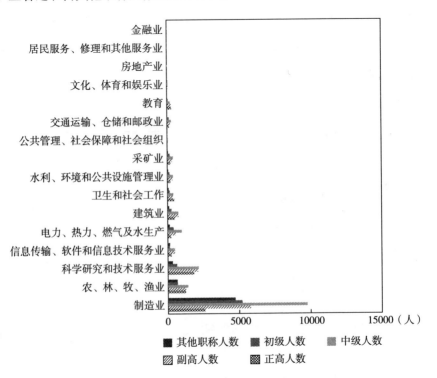

图 2-30　国民经济行业下各级职称人数

三、人员学位情况

（一）从归口评估领域看

从归口评估领域下各类学位的人数情况来看（见图 2-31），工程科学、生命科学（人口与健康）和制造业技术领域的博士人数位列前三，三者之和占博士合计人数的 31.28%，兽医科学技术领域仅有 2 位博士，化工科学技术领域没有博士。制造业技术领域，轻纺、医药卫生技术领域，材料技术领域的硕士人数位列前三，三者之和占硕士合计人数的 29.79%，而化工科学技术领域仅有 3 位硕士。制造业技术领域，材料技术领域，轻纺、医药卫生技术领域的学士人数位列前三，制造业技术领域学士人数是材料技术领域的 1.7 倍，三者之和占学士合计人数的 46.85%，而数理科学仅有 2 位学士。位于前三的其他学位人数与学士人数领域相同，三者之和占其他学位合计人数的 54.60%，数理科学的其他学位人数为 0 人。

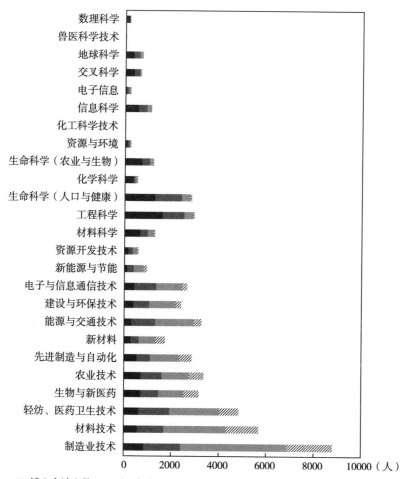

图 2-31　归口评估领域下各类学位人数

（二）从国民经济行业看

从国民经济行业下各类学位的人数情况来看（见图2-32），制造业，科学研究和技术服务业，农、林、牧、渔业的博士人数位列前三，三者之和占博士合计人数的69.82%，而房地产业没有博士。位列前三的硕士人数所在行业

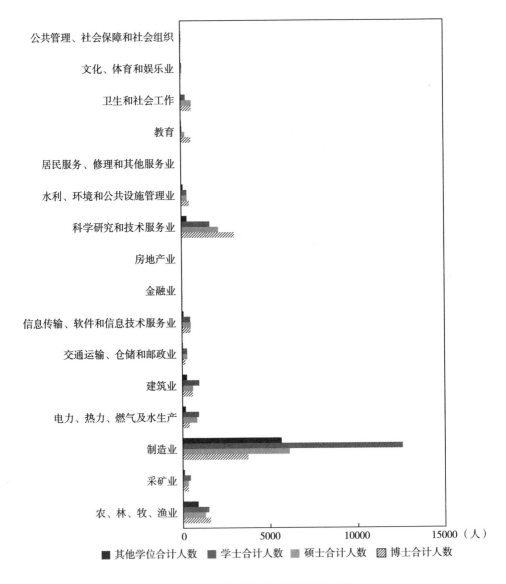

图2-32　国民经济行业下各类学位人数

与博士相同，三者之和占硕士合计人数的71.29%，制造业的硕士人数是科学研究和技术服务业的2.9倍，居民服务、修理和其他服务业与房地产业的硕士人数最少。位列前三的学士人数所在行业与博士相同，制造业学士人数位列第一，是科学研究和技术服务业学士人数的7.8倍，三者之和占学士合计人数的80.45%。制造业，农、林、牧、渔业及科学研究和技术服务业的其他学位人数位列前茅，制造业其他学位人数是农、林、牧、渔业的6.5倍，三者之和占其他学位合计人数的89.44%。金融业与居民服务、修理和其他服务业没有其他学位的固定人员。

四、科研和其他岗位人员情况

从归口评估领域下科研和其他岗位人数的情况来看（见图2-33），制造业技术领域的科研人数最多，是材料技术领域科研人数的1.6倍，是轻纺、医药卫生技术领域科研人数的1.8倍，占科研人数的16.76%，化工科学技术领域的科研人数最少，占科研人数的0.04%。制造业技术领域、材料技术领域、生物与新医药的其他岗位人数位列前三，三者占科研人数的40.43%。兽医科学技术领域的科研人数最少，占科研人数的0.03%。

从国民经济行业下科研和其他岗位人数的情况来看（见图2-34），采矿业的科研人数遥遥领先，是科学研究和技术服务业科研人数的3.8倍，占科研人数的52.62%，房地产业的科研人数最少，占科研人数的0.002%。采矿业其他岗位人数远超其他行业，是制造业其他岗位人数的5.1倍，占科研人数的60.88%，而金融业的其他岗位人数为0。

五、人员的年龄分布情况

从归口评估领域下各年龄段的人数情况来看（见图2-35），制造业技术领域大于60岁的人数最多，是材料技术领域的1.9倍，占大于60岁总人数的19.29%，兽医科学技术领域没有大于60岁的岗位人员。制造业技术领域，材

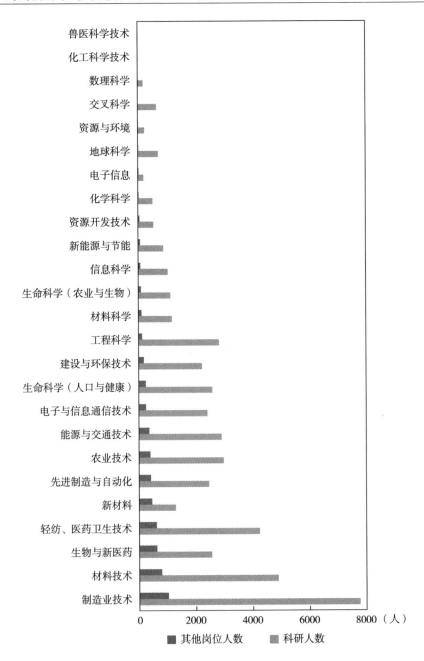

图 2-33 归口评估领域下科研和其他岗位人数

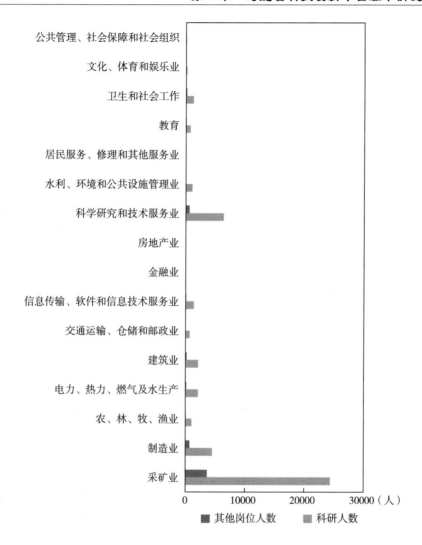

图2-34 国民经济行业下科研和其他岗位人数

料技术领域，轻纺、医药卫生技术领域处于45~59岁的总人数位列前三，是材料技术领域的1.5倍，占处于45~59岁总人数的15.33%。处于30~44岁的人数位于前三的领域与45~59岁人数的领域顺序相同，制造业技术领域处于30~44岁的人数是轻纺、医药卫生技术领域的1.9倍，占处于30~44岁总人数的17.25%。小于30岁的人数位于前三的领域与45~59岁人数的领域相同，三者之和占小于30岁总人数的46.36%。

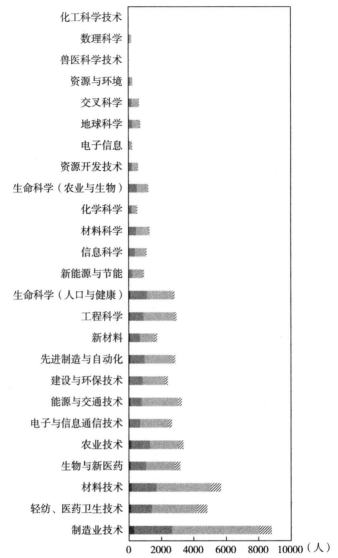

化工科学技术
数理科学
兽医科学技术
资源与环境
交叉科学
地球科学
电子信息
资源开发技术
生命科学（农业与生物）
化学科学
材料科学
信息科学
新能源与节能
生命科学（人口与健康）
工程科学
新材料
先进制造与自动化
建设与环保技术
能源与交通技术
电子与信息通信技术
农业技术
生物与新医药
材料技术
轻纺、医药卫生技术
制造业技术

0   2000   4000   6000   8000   10000（人）

■ 大于60岁总人数　■ 45~59岁总人数　▨ 30~44岁总人数　▨ 小于30岁总人数

图2-35　归口评估领域下各年龄段人数

从国民经济行业下各年龄段的人数情况来看（见图2-36），制造业大于60岁的人数最多，是科学研究和技术服务业的3.6倍，占大于60岁总人数的51.57%。制造业处于45~59岁人数是科学研究和技术服务业的3.3倍，占处于45~59岁总人数的49.42%。制造业处于30~44岁的人数遥遥领先，是科学研究和技术服务业处于30~44岁的人数的4.1倍，占处于30~44岁总人数的54.39%。制造业小于30岁的人数最多，是科学研究和技术服务业小于30岁人数的6.9倍，占小于30岁总人数的63.11%，而金融业没有小于30岁的岗位员工。

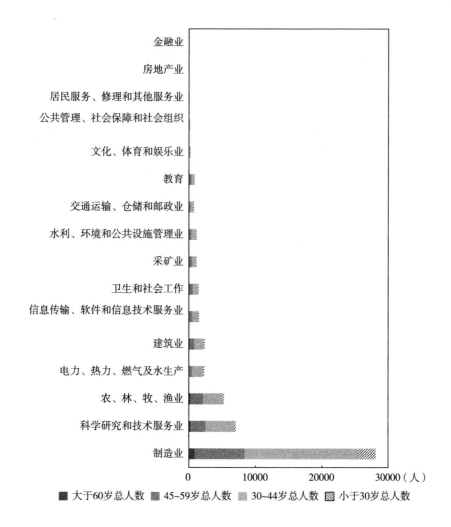

图2-36 国民经济行业下各年龄段人数

六、领军人才情况

（一）从归口评估领域看

从归口评估领域下领军人才的数量来看（见图 2-37），制造业技术领域的领军人才最多，是材料技术领域领军人才数量的 1.3 倍，占领军人才数量的 15.13%。化工科学技术领域的领军人才数量最少，占领军人才数量的 0.05%。

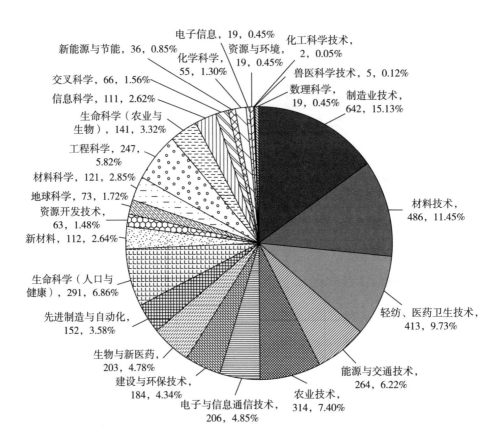

图 2-37 各归口评估领域下领军人才数量及占比

从归口评估领域下领军人才学位情况来看（见图 2-38），就博士学位来看，生命科学（人口与健康）的博士数量最多，是工程科学博士数量的 1.2 倍。

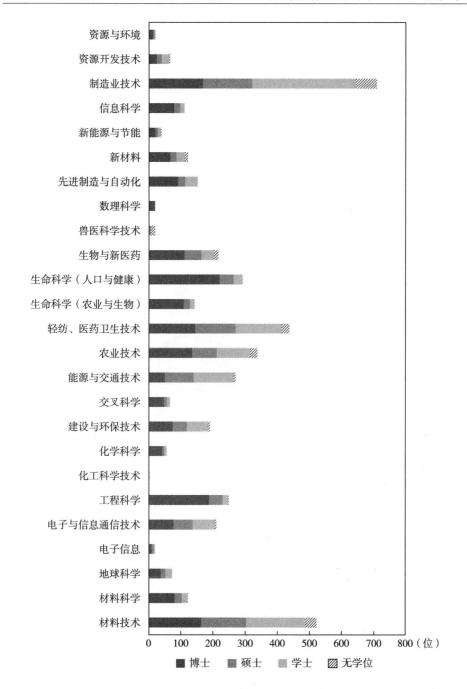

图 2-38　归口评估领域下领军人才学位数量

就硕士学位来说，制造业技术领域、材料技术领域与轻纺、医药卫生技术领域硕士数量位于前三，三者占硕士总数量的41.94%。学士数量前三的领域与硕士相同，制造业技术领域的数量最多，是材料技术领域学士数量的1.8倍，其余部分的学士数量均较少，学士数量整体上在不同领域内分级现象明显。

从归口评估领域领军人才职称数量来看（见图2-39），制造业技术领域有职称的人数最多，是材料技术领域数量的1.4倍，占职称人数的15.97%；轻纺、医药卫生技术领域有职称人数是农业技术领域的1.3倍，占职称人数的9.70%；兽医科学技术领域和化工科学技术领域有职称的人数最少。

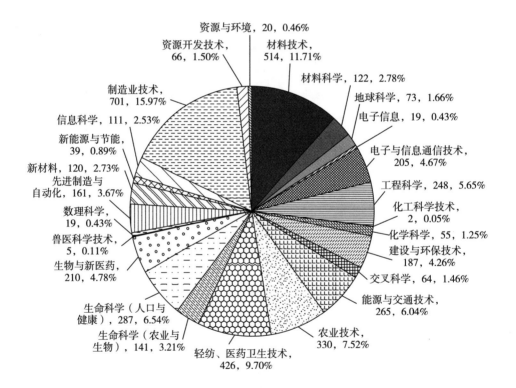

图 2-39　截止到 2020 年归口评估领域下领军人才职称数量及占比

从归口评估领域下领军人才职称级别来看（见图2-40），就高级职称人数来说，制造业技术领域的高级职称人数最多，是材料技术领域高级职称人数的

1.5 倍，是轻纺、医药卫生技术领域高级职称人数的 1.6 倍，高级职称人数低于 100 人的领域占 2/5；中级职称人数中，制造业技术领域和材料技术领域数量较多，两者占中级职称人数的 46.84%；初级人数整体上最少，有超过一半的领域没有初级职称领军人才。

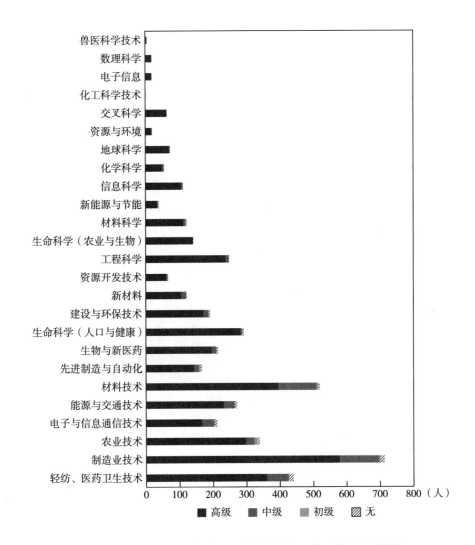

图 2-40　截止到 2020 年归口评估领域下领军人才职称级别数量

（二）从国民经济行业看

从国民经济行业下领军人才的数量来看（见图2-41），制造业领域的领军人才遥遥领先，是科学研究和技术服务业领军人才数量的3.3倍，占领军人才数量的48.92%；房地产业的领军人才数量最少，占领军人才数量的0.07%。

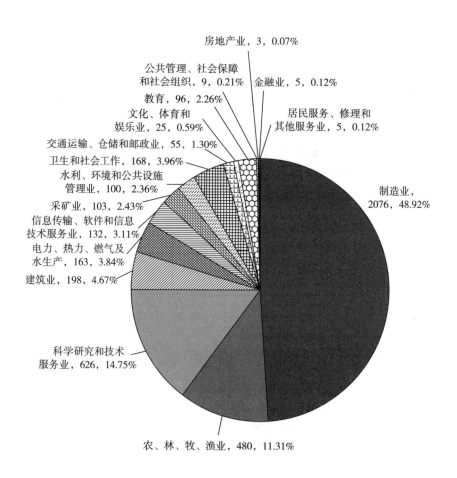

图2-41 各国民经济行业下领军人才数量及占比

从国民经济行业下各类学位领军人才数量来看（见图2-42），就博士学位来看，制造业的博士数量最多，是科学研究和技术服务业博士数量的1.7倍，占博士总数量的35.79%，整体上各行业博士领军人才数量差距较大；就硕士学位来说，制造业硕士数量位列第一，占硕士总数量的54.55%，超过1/3的行业硕士领军人才的数量少于5位；学士数量前三的行业与硕士相同，制造业的数量最多，是农、林、牧、渔业学士数量的7.9倍，整体上各行业学士领军人才数量差距较大。

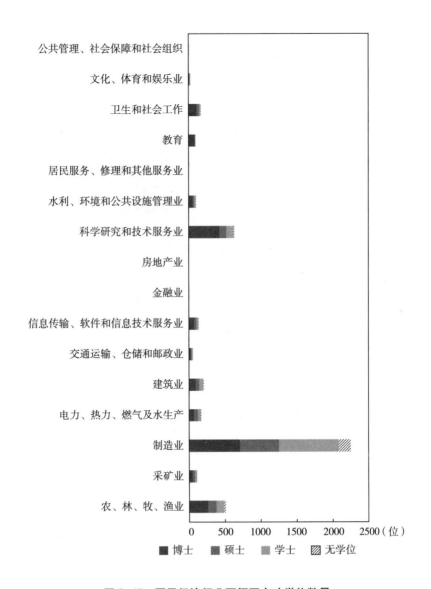

图 2-42　国民经济行业下领军人才学位数量

从国民经济行业下领军人才职称情况来看（见图 2-43），制造业有职称的人数最多，是科学研究和技术服务业数量的 3.5 倍，占职称人数的 50.09%；农、林、牧、渔业有职称人数是建筑业的 2.5 倍，占职称人数的 11.41%；房地产业有职称的人数最少。

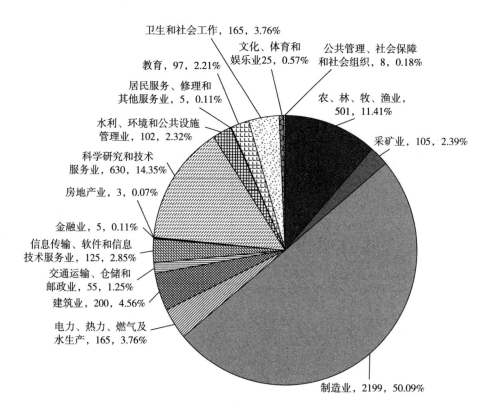

图 2-43　国民经济行业下领军人才职称级别数量及占比

从国民经济行业下领军人才职称情况来看（见图 2-44），就高级职称人数来看，制造业的高级职称人数遥遥领先，是科学研究和技术服务业高级职称人数的 2.9 倍，是农、林、牧、渔业高级职称人数的 3.8 倍，高级职称人数低于100 人的领域超过 1/2；中级职称人数中，制造业的中级职称人数最多，占中级职称人数的 75.56%，其余行业的中级职称人数均低于 25；初级职称人数整体上最少，仅有 1/3 的行业拥有初级职称领军人才。

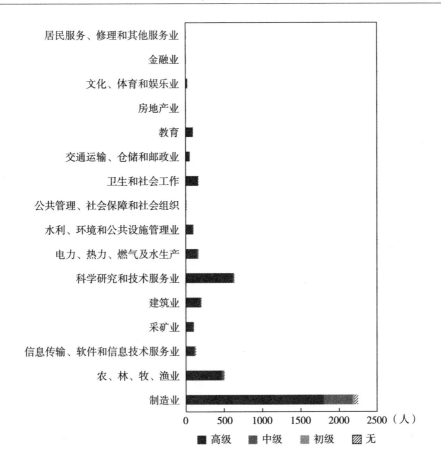

图2-44　截止到2020年国民经济行业下领军人才职称级别数量

第五节　人才培养情况

河北省参与人才联合培养的创新平台共869个，合计人才培养成果1862项。从人才培养机构类型来看，本（专）科生实习基地数量最多，是硕士生培养基地数量的1.4倍，是博士生培养基地和院士工作站的7.1倍，占人才培养机构类型总数量的 42.17%（见图 2-45）。博士后流动站的数量最少，仅占人才培养机构类型总数量的 5.60%。总体上绝大部分是类型为本（专）科生实习基地和硕士生培养基地，博士生培养基地和博士后流动站以及院士工作站数量较少，没能为博士院士人才的培养提供良好的环境，在人才培养机构建设方面仍有不足，一定程度上阻碍了河北省的创新发展。因此，河北省应加大博士院士人才培养机构的建设力度。

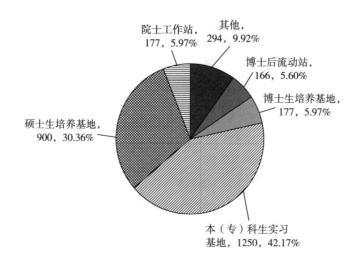

图 2-45 人才培养机构类型数量及占比

从联建单位类型上来看（见图 2-46），创新平台与高等院校联建单位数量最多，是企业联建单位数量的 1.4 倍，占联建单位总数量的 42.07%。企业的联建单位数量排第二位，是科研机构联建单位数量的 4.7 倍，占联建单位总数量的 30.87%。政府机构在联合培养上发挥的力量不足，仅占联建单位总数量的 1.89%。其中，有 323 个创新平台联建项目没有联建单位，仅占联建单位总数量的 10.90%，反映出河北省创新平台自行培养人才的能力不强，主要依赖与高等院校和企业共同培养的方式。因此，河北省创新平台应加大人才培养力度，提高自身培养能力。

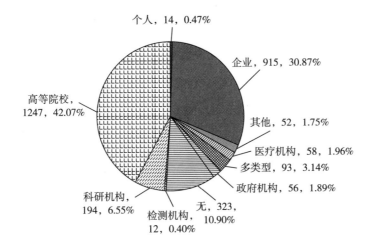

图 2-46　截止到 2020 年人才联合培养机构类型数量及占比

从联建单位所在省份来看,河北省的联建单位数量最多,是北京市联建单位数量的 4.6 倍,是天津市联建单位数量的 10.2 倍(见图 2-47)。河北省创新平台与本省的联合培养数量较多,与北京、天津的联合培养数量较少,在创新发展上差距越发拉大,难以形成京津冀创新要素市场一体化。同时,河北省创新平台与广东、江苏、浙江等经济发达地区的联合培养数量较少,在学习交流创新经验上处于劣势地位。

从河北省各市的联建单位类型来看,如图 2-48 和图 2-49 所示,石家庄市的联建单位数量最多,是保定市联建单位数量的 2.6 倍,是唐山市和秦皇岛市联建单位数量的 3.4 倍,占河北省联建单位总数量的 36.78%(见图 2-48)。衡水市、承德市和沧州市的联建单位数量较少,三者总和仅占河北省联建单位总数量的 7.41%。石家庄市需提高省会城市的带动能力,密切与各市的人才联合培养,各市需扩大联建单位的数量,提升联建单位资质与能力。

从地理位置上来看,石家庄市、保定市的联建单位较其他城市稍多,邯郸市作为河北省的最南部地区,联建单位数量比临近石家庄市的邢台市数量多。唐山市和秦皇岛市的地理位置临近,两者的联建单位数量相差不大,但同为邻

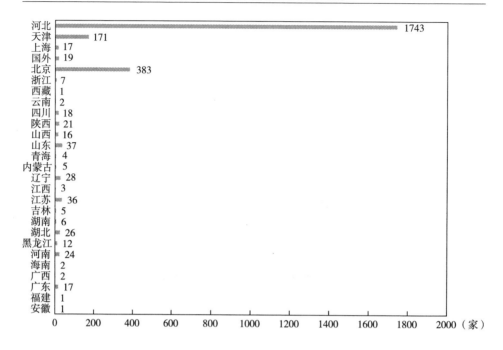

图 2-47　现有人才联合培养机构联建单位所在省份数量

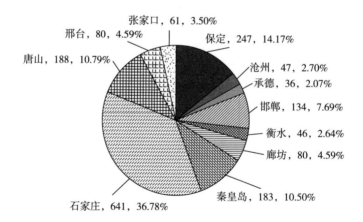

图 2-48　河北省各市联建单位数量及占比

市的承德与两者差距明显。北部的张家口市和承德市劣势比较明显，没有将临近北京的优势发挥出来。

从年内人才培养产出情况来看（见图 2-49），年内培养本（专）科实习人数最多，是博士数量的 213 倍。在硕士和博士的培养上，当年入学硕士生是当年毕业硕士生人次的 1.5 倍，当年入学博士是当年毕业博士人次的 1.9 倍，入学硕士生是毕业硕士生人次的 1.3 倍，入学博士是毕业博士人次的 1.6 倍。毕业人数比入学人数少，反映出博硕士的创新产出较难，一部分学生无法按时毕业。进站博士数量极少，反映出留在河北省的博士数量不多，整体人才流失严重，说明河北省的人才政策仍需改进。

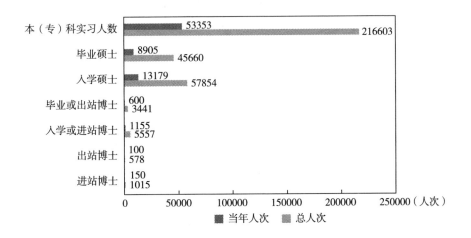

图 2-49　年内人才培养产出数量

第六节　对外交流情况

河北省的 633 个创新平台共计举办学术交流会议 1600 次，参会单位家数共计 178921 家。从会议级别来看，成果级别为国内区域的最多，是国际成果数量的 7 倍，是全国成果数量的 1.3 倍，占成果级别数量的 34.44%（见图 2-50）。省内数量和国内区域数量相差不多，占成果级别数量的 33.63%。成果级别处于国际的占比较小，说明学术交流会议的区域范围限于全国范围内，与国际范围内的学术交流较少。

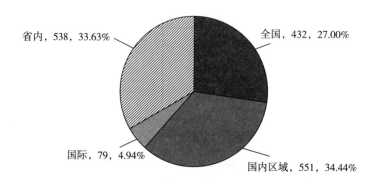

图 2-50 会议级别数量及占比

从举办学术交流会议次数多少来看，举办会议次数大于等于 10 次的创新平台仅有 17 个，而举办次数小于等于 5 次的创新平台占创新平台总数的 97%，且举办学术交流会议的大多为汽车行业、食品行业及电网行业相关的创新平台。

第三章 河北省科技创新平台科研能力概况

根据河北省科学技术厅科技平台建设与基础研究处年度报告显示，截至 2020 年，河北省科技创新平台的在研项目共计 19350 项，合同总金额合计 9059.64 亿元；合作研发项目共计 5537 项，合同总金额合计 245.53 亿元；知识产权申请数量合计 20224 项，授权数量合计 9975 项；科学技术成果验收数量合计 2051 项，鉴定数量合计 990 项，成果登记数量合计 408 项；科技奖励数量合计 1157 项；论文数量合计 17214 篇，索引论文数量合计 8656 篇；标准合计 1671 项，工法合计 133 项。

第一节 在研项目、科技活动经费支出情况

一、在研项目总体概况

从 2020 年的项目数量来看，当年项目数量占总项数的 49.3%，而当年合同金额占合同总金额的 97.4%（见表 3-1 和图 3-1）。

表 3-1　在研项目数量及其合同金额

	项数（项）	合同金额（亿元）
当年	9538	8822.01
总计	19350	9059.64

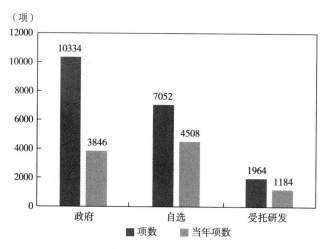

图 3-1　各类型项目当年项数及总项数

从各类型项目合同金额来看，自选项目的合同金额极高，是政府项目和受托研发项目合同金额的 50 多倍（见图 3-2），且自选项目当年合同金额接近自

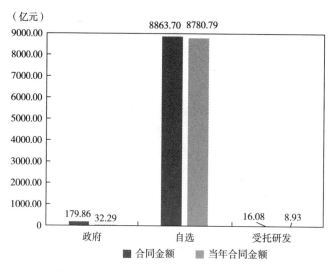

图 3-2　各类型项目合同总金额及当年合同金额

选项目合同总金额，说明自选项目的发展动力强劲，体现出河北省科技创新平台自主研发能力增长速度快，项目价值增值快的特点。

从政府来源的在研项目数量上来看，省级的当年项目数和总项目数数量均为最多，县级的当年项目数和总项目数数量均为最少，如图3-3所示。

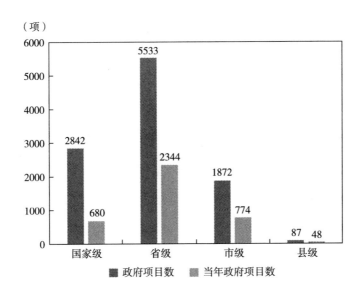

图 3-3　各级在研项目当年及总项目数量

从政府项目在研项目合同金额上来看，市级的总金额最多，是国家级总金额的 1.2 倍（见图 3-4），而国家级和市级的当年金额较省级的当年金额差距较大，省级当年金额是国家级当年金额的 1.76 倍，是市级当年金额的 3.46 倍，说明国家和各市长期以来在资金上对科技创新提供持续支持，而省级项目在当年发力较猛，省级当年项目金额占政府项目金额的 43.85%。

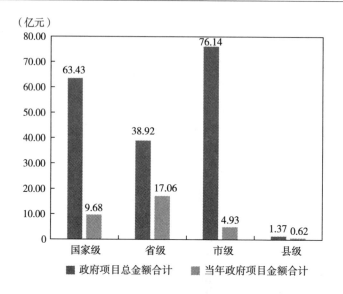

图 3-4　政府在研项目当年及总合同金额

二、各领域平台承接项目情况

（一）从归口评估领域看

从创新平台在研项目来源与归口评估领域的关系来看（见表 3-2），制造业技术领域项目数量最多，工程科学的项目数量位居第二，生命科学（人口与健康）位居第三位，化工科学技术领域、兽医科学技术领域、电子信息领域项目数量最少。

自选项目的研究中，制造业技术领域的自选项目数量为 1550 项，材料技术领域的自选项目有 1114 项，轻纺、医药卫生技术领域的自选项目有 855 项，三项之和占自选项目数量的 50%；政府项目的研究中，生命科学（人口与健康）项目数量为 1485 项，工程科学有 1442 项，生命科学（农业与生物）与前两个领域的项目数量相差较大，为 1051 项，位于第四位的农业技术领域有 847 项，四项之和占政府项目数量的 46.7%，说明在政府项目中更加关注人类社会生存发展的各方面需求；受托项目整体上数量较少，项目数量为 500 项的工程科学排名第一,位居第二的制造业技术领域有 241 项,位列第三的轻纺、医药卫生技术领域为 127 项,三个领域的项目数之和占受托项目数量的 44.2%。

表 3-2 归口评估领域下各类型项目数量　　　　单位:项

归口评估领域/项目来源	政府项目	受托项目	自选项目	合计
制造业技术	564	241	1550	2355
工程科学	1442	500	207	2149
生命科学(人口与健康)	1485	68	130	1683
材料技术领域	289	64	1114	1467
轻纺、医药卫生技术	470	127	855	1452
农业技术	847	55	433	1335
生命科学(农业与生物)	1051	49	72	1172
材料科学	640	116	124	880
能源与交通技术	160	87	605	852
电子与信息通信技术	346	100	361	807
建设与环保技术	373	67	342	782
生物与新医药	338	47	263	648
化学科学	504	49	44	597
先进制造与自动化	212	45	325	582
交叉科学	362	67	103	532
信息科学	401	70	32	503
地球科学	347	78	39	464
新材料	153	17	271	441
资源与环境	76	105	17	198
资源开发技术	110	8	73	191
数理科学	102	1	7	110
新能源与节能	50	0	52	102
电子信息	9	3	21	33
兽医科学技术	3	0	5	8
化工科学技术	0	0	7	7

从各级政府项目上来看，国家和省、市三级的项目集中在工程科学、生命科学（人口与健康）、生命科学（农业与生物）三个领域（见图3-5）。在国家级层面，居首位的工程科学领域项目数量为554项，第二位的生命科学（农业与生物）项目数量有331项，位居第三的生命科学（人口与健康）领域项目数量有286项，占国家级项目数量的41%，与政府项目整体偏好相差不大；在省级层面，居首位的生命科学（人口与健康）领域项目数量有834项，工程科学领域的项目数量为633项，数量排第二位，位居第三的生命科学（农业与生物）项目数量有566项，整体趋势与国家级层面一致。在市级层面，项目数量前三位的领域及其项目数量排序均与省级层面一致，也与政府项目整体偏好相同。在县级层面，则表现出较大的差别，位居第一的是电子与信息通信技术领域，共有27个项目，第二位的是农业技术领域，有14个项目，位列第三的是轻纺、医药卫生技术领域，有10个项目，与政府项目整体研究领域的情况完全不同。

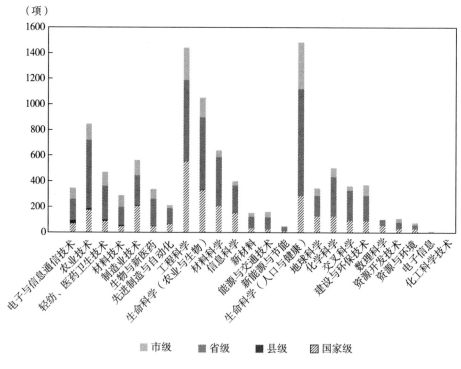

图3-5　各归口评估领域政府项目来源数量

总体上看，政府项目对信息科学、电子与信息通信技术领域的支持力度较大，为河北省达到未来数字经济产业发展要求打牢坚实基础。

（二）从国民经济行业看

从创新平台在研项目来源与国民经济行业的关系来看，在政府项目中，科学研究和技术服务业的项目数量遥遥领先，制造业位居第二，位居第三的是农、林、牧、渔业，这三者占政府项目数量的68.30%，表明政府的研究方向聚集于科学研究和制造业、农业几个方面。由表3-3可以看出，政府的研究项目与国民经济行业的行业前三趋势完全吻合；但在自选项目中，制造业的项目数量远超于科学研究和技术服务业和农、林、牧、渔业，制造业的自选项目数量占自选项目数量的67.6%；在受托项目中，制造业，科学研究和技术服务业，电力、热力、燃气及水生产位列前三，占受托项目数量的72.7%。

表3-3 各国民经济行业下各类项目数量 单位：项

国民经济行业	政府项目	受托项目	自选项目	合计
农、林、牧、渔业	1702	65	409	2176
采矿业	187	88	133	408
制造业	2274	795	4768	7837
电力、热力、燃气及水生产	200	113	301	614
建筑业	593	79	316	988
交通运输、仓储和邮政业	108	22	96	226
信息传输、软件和信息技术服务业	392	68	199	659
金融业	89	32	68	189
科学研究和技术服务业	3081	519	474	4074
水利、环境和公共设施管理业	381	63	110	554
居民服务、修理和其他服务业	6	0	7	13
教育	544	54	91	689
卫生和社会工作	631	49	52	732
文化、体育和娱乐业	133	10	17	160
公共管理、社会保障和社会组织	13	7	11	31

从各级政府项目上来看（见图 3-6），在国家级、省级和市级层面上，均与整体政府项目的国民经济行业前三排序相同；在县级层面上，位居第一的仍为制造业，数量为 30，位居第二的信息传输、软件和信息技术服务业有 26 项，位列第三的农、林、牧、渔业有 18 项，与整体政府项目的前三差异较大，三者项目数量占整体政府项目数量的 85.1%。

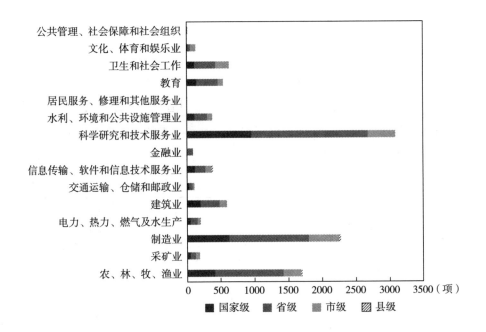

图 3-6　国民经济行业下各级政府项目数量

三、受委托研发项目和联合研发项目占比情况

从各类合作研发项目数量来看（见图 3-7），受托研发项目当年项目数和总项目数均位居第一，其次是联合研发，委托研发项目当年项目数和总项目数均位居第三，引进创新项目当年项目数和总项目数较少。

从各类合作研发项目合同金额来看（见图 3-8），合作研发项目中，受托研发项目当年合计合同金额和合计合同总金额均位居第一，远远领先其他三类项目，受托研发项目的研究价值明显增加。合作研发项目中，联合研发项目当年合计合同金额和合计合同总金额均位列第二，联合研发项目的研究价值明显减少。

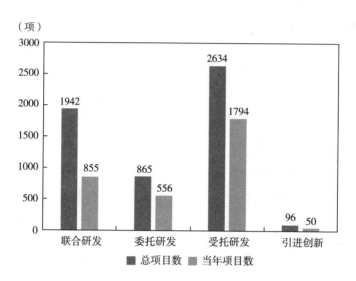

图3-7 各类合作研发项目当年项目数及总项目数

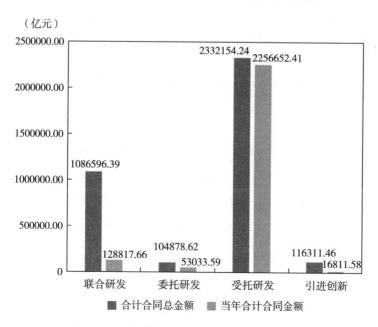

图3-8 各类合作研发项目当年及合同总金额

双链驱动下的河北省科技创新平台高质量建设研究

聚焦于联合项目上，如图3-9所示，从联合项目数量和合同金额与归口评估领域关系上来看，建设与环保技术领域的合同金额数目遥遥领先，是位居第二的工程科学合同金额数目的5.9倍；制造业技术领域的合同金额数目位列第三。电子信息、信息科学及电子与信息通信技术领域等信息技术的合同金额较少，表明电子信息、信息科学及电子与信息通信技术领域等信息技术联合研究尚未形成规模。

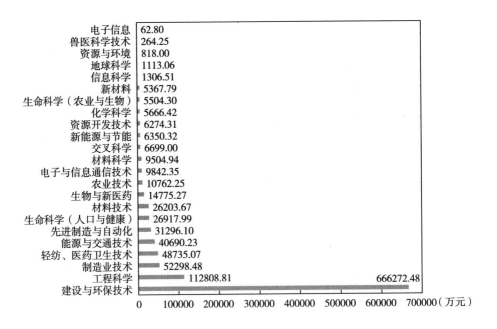

图3-9　各归口评估领域联合项目合同金额

从联合项目数量和合同金额与国民经济行业关系上来看，如图3-10所示，建筑业的合同金额远超制造业，是制造业合同金额的2.2倍；科学研究和技术服务业合同金额位居第三，占联合项目整体合同金额的5.6%；信息传输、软件和信息技术服务业的合同金额较小，占联合项目整体合同金额的0.2%。

· 62 ·

图 3-10　各国民经济行业联合项目合同金额

第二节　知识产权情况

一、知识产权成果丰硕

从知识产权类型来看，如图 3-11 所示，植物新品种保护权、专利的国际应用和集成电路布图设计权的申请数及授权数较少；实用新型申请数和授权数均为最多，其授权数量占申请数量的 53.17%；发明专利申请数最多，其授权数量占申请数量的 39.55%；软件著作权的申请数和授权数均为第三，授权数量占申请数量的 65.62%，申请成功率最高；外观设计申请数和授权数位居第四，其授权数量占申请数量的 65.01%。

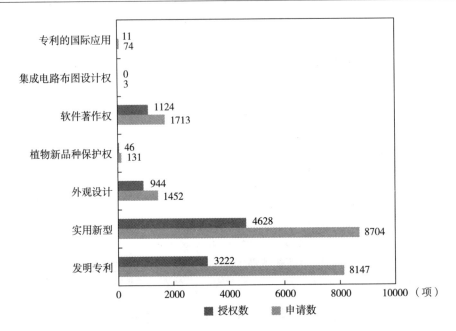

图 3-11 各类知识产权申请及授权数量

二、知识产权与归口评估领域关系

从知识产权申请及授权数量与归口评估领域关系进行分析，如图 3-12 所示，制造业技术领域、材料技术领域和工程科学的知识产权申请数量和授权数量均位列前三，化工科学技术领域和兽医科学技术领域的申请数和授权数均为 0。

从知识产权申请成功率与归口评估领域关系进行分析，如图 3-13 所示，电子信息和新能源与节能领域的申请成功率较高，授权数量在六成以上；制造业技术领域、材料技术领域和工程科学授权数量均超过一半。信息科学领域的申请成功率最低，授权数低于三成。

从各类知识产权申请数量来看，如图 3-14 所示，工程科学、制造业技术领域和材料技术领域的发明专利申请数量位列前三，三者占发明专利申请数总

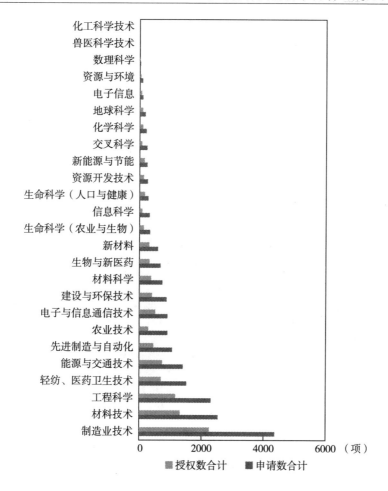

图 3-12　归口评估领域下知识产权申请及授权数量

数量的 46.63%。制造业技术领域、材料技术领域和能源与交通技术领域实用新型申请数量位列前三，制造业技术领域数量是材料技术领域的 1.8 倍，是能源与交通技术领域数量的 3.3 倍。就外观设计申请数来看，制造业技术领域的数量最多，是轻纺、医药卫生技术领域数量的 1.2 倍，占外观设计申请数的 21.42%，接近 1/5 的领域没有申请外观设计权。就植物新品种保护权申请数来看，生命科学（农业与生物）、农业技术领域和生物与新医药数量位列前三，三者数量占植物新品种保护权申请数量的 99.24%。就软件著作权申请

双链驱动下的河北省科技创新平台高质量建设研究

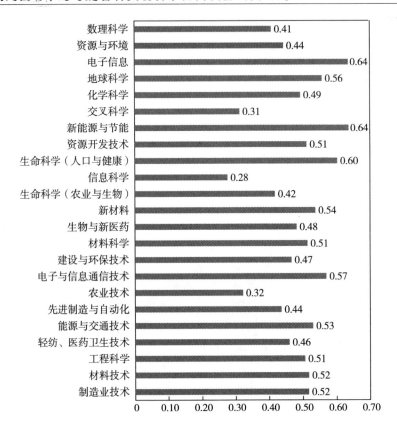

图3-13　各归口评估领域知识产权申请成功率

数来看，电子与信息通信技术领域、工程科学和制造业技术领域数量位列前三，三者数量占软件著作权申请数的47.52%。就专利的国际应用申请数来看，工程科学和制造业技术领域的数量较多，两者占专利的国际应用申请数的1/2。

从各类知识产权授权数来看，如图3-15所示，工程科学、制造业技术领域和材料技术领域的发明专利授权数量位列前三，三者占发明专利授权数总数量的49.07%，工程科学授权数量是材料技术领域的2.3倍。制造业技术领域、材料技术领域和能源与交通技术领域实用新型授权数量位列前三，制造业技术领域数量是材料技术领域的1.7倍，是能源与交通技术领域数量的3.2倍，数

· 66 ·

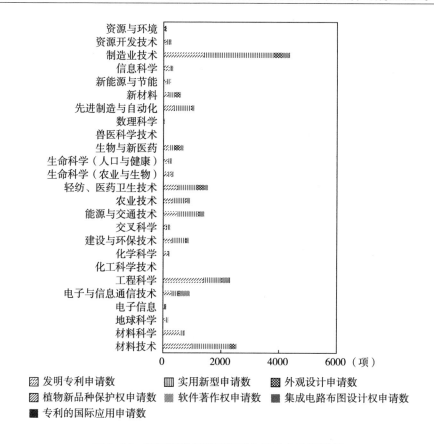

图 3-14　归口评估领域下各类知识产权申请数量

理科学没有实用新型授权。就外观设计授权数来看，轻纺、医药卫生技术领域、材料技术领域和制造业技术领域授权数量位列前三，三者占外观设计授权数的 50.42%，接近 1/5 的领域没有授权外观设计权。就植物新品种保护权授权数来看，生命科学（农业与生物）、生物与新医药和农业技术领域拥有植物新品种保护权授权。就软件著作权授权数来说，电子与信息通信技术领域、制造业技术领域和工程科学数量位列前三，三者数量占软件著作权授权数的50.53%。就专利的国际应用授权数来说，专利的国际应用授权数较少，仅有接近 1/5 的领域拥有专利的国际应用授权。

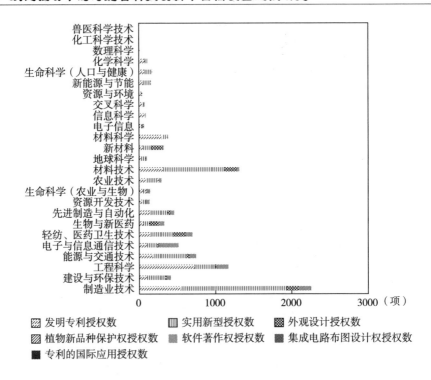

图3-15 归口评估领域下各类知识产权授权数量

三、知识产权与国民经济行业关系

对知识产权与国民经济行业关系进行分析，如图3-16所示，房地产业，公共管理、社会保障和社会组织的申请成功率较高，授权数量在八成以上；文化、体育和娱乐业的申请成功率最低，授权数仅二成。金融业和居民服务、修理和其他服务业申请和授权数均为0，有1/2的行业其授权数量占五成。

从国民经济行业下专利申请数来看，如图3-17所示，制造业、科学研究和技术服务业和电力、热力、燃气及水生产的发明专利申请数量位列前三，制造业申请数遥遥领先，是科学研究和技术服务业的3.2倍，三者占发明专利申请数总数量的78.52%。就实用新型申请数来看，制造业、科学研究和技术服务业和农、林、牧、渔业的实用新型申请数量位列前三，制造业数量是农、

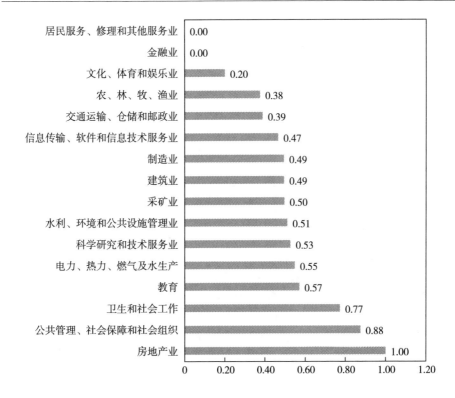

图3-16 国民经济行业下知识产权申请成功率

林、牧、渔业的7.2倍，三者占实用新型申请数总数量的88.66%。就外观设计申请数来看，制造业的数量最多，是科学研究和技术服务业数量的13.5倍，占外观设计申请数的86.16%，接近1/3的行业没有申请外观设计权。就植物新品种保护权申请数来看，农、林、牧、渔业数量最多，占植物新品种保护权申请数量的91.60%。就软件著作权申请数来说，制造业、科学研究和技术服务业及信息传输、软件和信息技术服务业数量位列前三，三者数量占软件著作权申请数的68.59%。就专利的国际应用申请数来说，制造业的数量最多，占专利的国际应用申请数的75.68%。

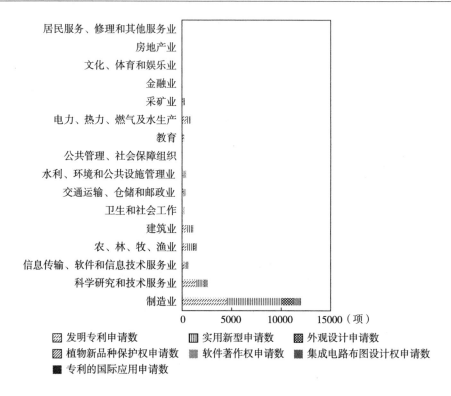

图3-17 国民经济行业下知识产权申请数量

从各类知识产权授权数来看，如图3-18所示，制造业、科学研究和技术服务业的发明专利授权数量位列前茅，制造业数量是科学研究和技术服务业的2.3倍，占发明专利授权数总数量的49.86%。实用新型授权数量的前三与发明专利的行业相同，制造业数量是科学研究和技术服务业的7.2倍，占发明专利授权数总数量的65.04%。就外观设计授权数来看，制造业的数量最多，是电力、热力、燃气及水生产数量的14.7倍，占外观设计授权数的87.39%，接近1/3的行业没有授权外观设计权。就植物新品种保护权授权数来看，农、林、牧、渔业数量最多，占植物新品种保护权授权数量的89.13%。就软件著作权授权数来说，制造业、科学研究和技术服务业和信息传输、软件和信息技术服务业数量位列前三，制造业数量是信息传输、软件和信息技术服务业数量的3.8倍，占软件著作权授权数的42.35%。

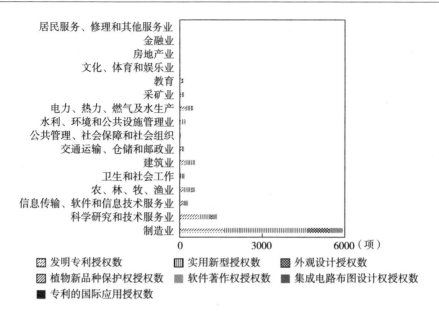

图 3-18　国民经济行业下知识产权授权数量

第三节　项目科技成果、科技奖励情况

一、科技成果数量

从科学技术成果验收数量来看，如图 3-19 所示，基础和应用技术研究的数量最多，是技术开发成果验收数的 1.2 倍，说明基础和应用技术研究、技术开发成果的认可度较高；从科学技术成果鉴定数来看，技术开发成果的鉴定数远超基础和应用技术研究，是基础和应用技术研究的 2.7 倍；从科学技术成果的登记数来看，技术开发成果是基础和应用技术研究的 1.9 倍。引进消化吸收再创新项目总体数量较少，导致消化吸收再创新成果验收数、鉴定数和登记数均较少，在引进消化吸收成果方面有待加强。

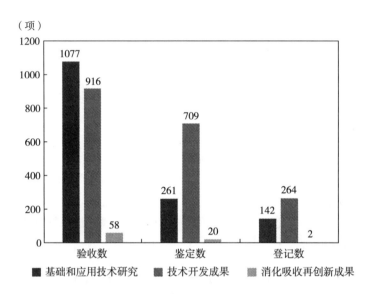

图 3-19　各类型科技成果数量

（一）从归口评估领域看

从归口评估领域与科学技术成果的关系上来看，如图 3-20 所示，从整体的数量来看，工程科学的总数量最多，是材料科学数量的 2.9 倍，占整体数量的 14.93%，化工科学技术领域的整体数量最少。验收合计数整体上多于鉴定数和登记数，工程科学验收数合计数量最多，是制造业技术领域的 1.8 倍，占验收数合计数量的 15.65%。鉴定数合计数量最多的是制造业技术领域，是工程科学鉴定数合计数量的 1.7 倍，占鉴定数合计数量的 20.61%，数理科学和兽医科学技术领域的鉴定数均为 0 项。登记数合计数量最多的是工程科学，是农业技术领域的 1.7 倍，占验收数合计数量的 18.87%，其中有 6/25 的领域登记数为 0 项。

归口评估领域与各类科学技术成果的关系如图 3-21 所示，就验收数来看，工程科学的基础和应用技术研究验收数量最多，是生命科学（人口与健康）

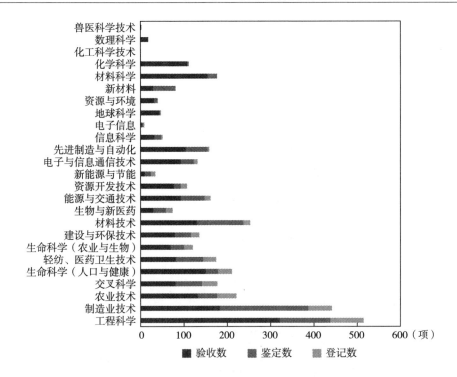

图 3-20 各归口评估领域科学技术成果数量

基础和应用技术研究验收数量的 1.5 倍，占基础和应用技术研究验收数的 19.31%，化工科学技术领域和兽医科学技术领域的基础和应用技术研究验收数为 0 项。制造业技术领域和工程科学的技术开发成果验收数量相当，两者占技术开发成果验收数的 24.78%，电子信息和化工科学技术领域的技术开发成果验收数为 0。消化吸收再创新成果验收数整体上数量较少，农业技术领域的消化吸收再创新成果验收数最多，是能源与交通技术领域消化吸收再创新成果验收数的 1.5 倍，占消化吸收再创新成果验收数的 27.59%，12/25 的领域消化吸收再创新成果验收数为 0 项。

从科学技术成果鉴定数来看，如图 3-22 所示，交叉科学的基础和应用技术研究鉴定数量最多，是生命科学（农业与生物）基础和应用技术研究鉴定数量的 2.1 倍，占基础和应用技术研究鉴定数的 22.99%，1/5 领域的基础和

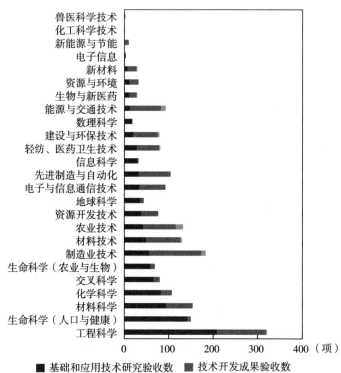

图 3-21 各归口评估领域科学技术成果验收数

应用技术研究鉴定数为 0 项。制造业技术领域的技术开发成果鉴定数量最多，是位于第二的工程科学技术开发成果鉴定数量的 1.8 倍，占技术开发成果鉴定数的 25.25%，1/5 领域的技术开发成果鉴定数为 0 项。消化吸收再创新成果鉴定数整体上数量较少，制造业技术领域的消化吸收再创新成果鉴定数最多，有 11 项，占消化吸收再创新成果鉴定数的 55.00%，18/25 的领域消化吸收再创新成果鉴定数为 0 项。

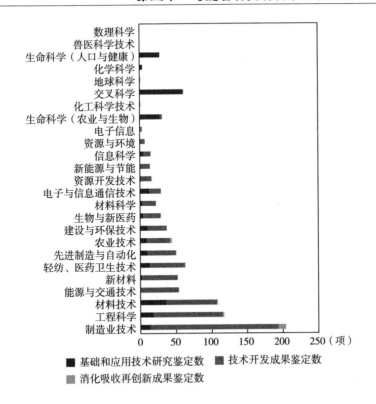

图 3-22　截止到 2020 年各归口评估领域科学技术成果鉴定数

从科学技术成果登记数来看，如图 3-23 所示，交叉科学和生命科学（人口与健康）基础和应用技术研究登记数量相当，两者占基础和应用技术研究登记数的 47.89%，5/9 领域的基础和应用技术研究登记数为 0 项。工程科学和制造业技术领域的技术开发成果登记数量相当，两者占技术开发成果登记数的 39.02%，7/25 领域的技术开发成果登记数为 0 项。消化吸收再创新成果登记数仅有 2 项，制造业技术领域和轻纺、医药卫生技术领域各有 1 项。

（二）从国民经济行业看

在国民经济行业与科学技术成果的关系上，如图 3-24 所示，从整体数量上来看，制造业的总数量最多，是科学研究和技术服务业数量的 1.8 倍，占整体数量的 39.61%，房地产业的整体数量为 0 项。验收数合计数量整体上多于

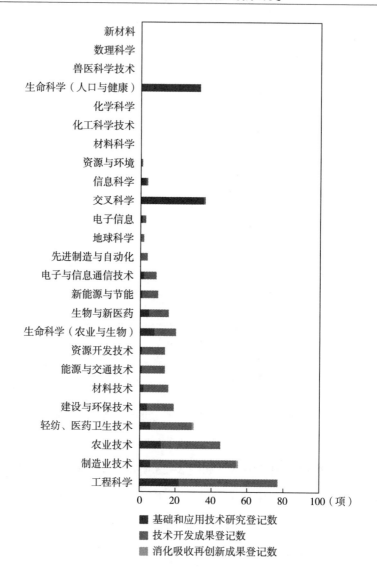

图3-23 各归口评估领域科学技术成果登记数

鉴定数和登记数，制造业验收数合计数量最多，是农、林、牧、渔业的3.9
倍，占验收数合计数量的32.03%。鉴定数合计数量最多的是制造业，是农、
林、牧、渔业鉴定数合计数量的4.5倍，占鉴定数合计数量的54.04%，居民

服务、修理和其他服务业和房地产业的鉴定数均为 0 项。登记数合计数量最多的是制造业，是农、林、牧、渔业的 2.9 倍，占登记数合计数量的 42.65%，其中有 6/25 的行业登记数为 0 项。

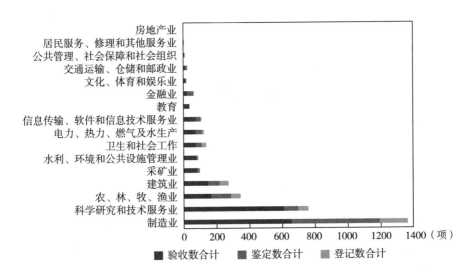

图 3-24　各国民经济行业科学技术成果数量

在国民经济行业与各类科学技术成果的关系上，就验收数来看，如图 3-25 所示，科学研究和技术服务业的基础和应用技术研究验收数量最多，是制造业基础和应用技术研究验收数量的 1.7 倍，占基础和应用技术研究验收数的 38.81%，居民服务、修理和其他服务业和房地产业的基础和应用技术研究验收数为 0 项。制造业的技术开发成果验收数量最多，是科学研究和技术服务业技术开发成果验收数的 2.1 倍，占技术开发成果验收数的 42.36%。消化吸收再创新成果验收数整体上数量较少，制造业的消化吸收再创新成果验收数最多，是农、林、牧、渔业消化吸收再创新成果验收数的 2.1 倍，占消化吸收再创新成果验收数的 51.72%，18/25 的行业消化吸收再创新成果验收数为 0 项。

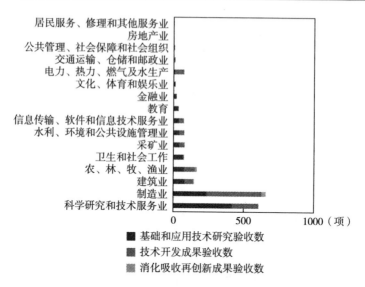

居民服务、修理和其他服务业
房地产业
公共管理、社会保障和社会组织
交通运输、仓储和邮政业
电力、热力、燃气及水生产
文化、体育和娱乐业
金融业
教育
信息传输、软件和信息技术服务业
水利、环境和公共设施管理业
采矿业
卫生和社会工作
农、林、牧、渔业
建筑业
制造业
科学研究和技术服务业

0   500   1000（项）

■ 基础和应用技术研究验收数
■ 技术开发成果验收数
■ 消化吸收再创新成果验收数

图3-25 各国民经济行业科学技术成果验收数

就各国民经济行业科学技术成果鉴定数来看，如图3-26所示，制造业的基础和应用技术研究鉴定数最多，是金融业基础和应用技术研究鉴定数的1.8倍，占基础和应用技术研究鉴定数的27.59%，1/5的行业基础和应用技术研究鉴定数为0项。制造业的技术开发成果鉴定数量遥遥领先，是农、林、牧、渔业技术开发成果鉴定数的6.1倍，占技术开发成果鉴定数的63.19%。消化吸收再创新成果鉴定数整体上数量较少，仅制造业和农、林、牧、渔业拥有消化吸收再创新成果鉴定数，农、林、牧、渔业的消化吸收再创新成果鉴定数是制造业的1/3。

就各国民经济行业科学技术成果登记数来看，如图3-27所示，制造业、科学研究和技术服务业的基础和应用技术研究登记数量相当，两者占基础和应用技术研究登记数的46.48%，1/2的行业基础和应用技术研究登记数为0。制造业的技术开发成果登记数量最多，是科学研究和技术服务业技术开发成果登记数的4.3倍，占技术开发成果登记数的52.27%。消化吸收再创新成果登记数整体上数量较少，仅制造业和采矿业拥有消化吸收再创新成果登记数，且各自仅有1项。

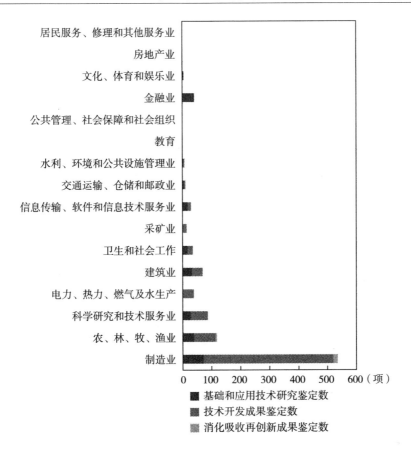

图 3-26　各国民经济行业科学技术成果鉴定数

二、科技奖励数量及分布

从科技奖励情况上来看，如图 3-28 所示，科技成果奖其他的占比最大，省级成果奖次之，是国家级成果奖数量的 20.8 倍，省级成果奖是市级成果奖的 1.4 倍。

从科技成果等级来看，如图 3-29 所示，国家级奖励中，科技进步奖是技术发明奖的 3.75 倍；省级奖励中，科技进步奖二等和科技进步奖三等的数量相当，是科技进步奖一等数量的 1.7 倍，整体上科技进步奖是自然科学奖的

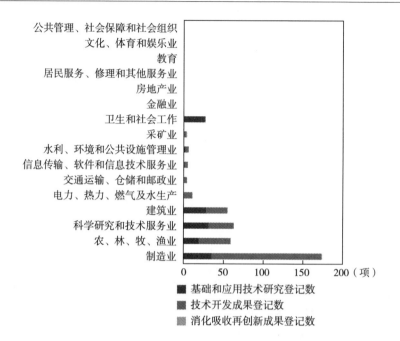

图 3-27 各国民经济行业科学技术成果登记数

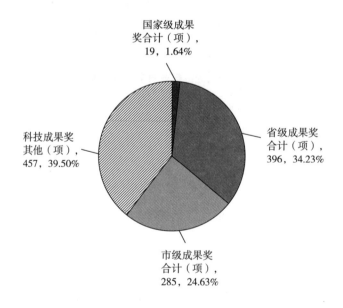

图 3-28 科技奖励数量及占比

9.7 倍，是技术发明奖的 8.6 倍，占省级成果奖合计数量的 80.81%；市级奖励中，科技进步奖数量遥遥领先，是突出贡献奖的 3.4 倍，占市级成果奖合计数量的 76.84%。

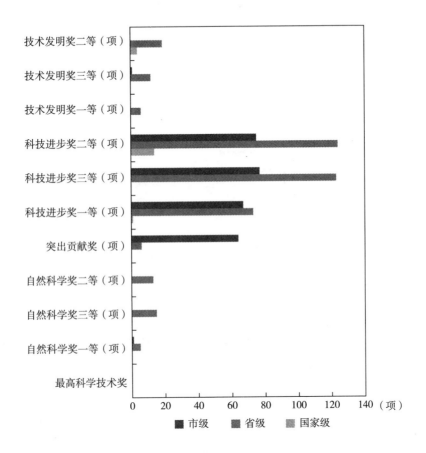

图 3-29 各类科技奖励数量

从归口评估领域下各级科技奖励数量来看，如图 3-30 所示，从科技奖励总数量来说，工程科学、材料技术领域、生命科学（人口与健康）的科技奖励数量位列前三，三者之和占科技奖励总数量的 33.54%，化工科学技术领域的科技奖励数量为 0 项。从国家级科技奖励来看，国家级奖励数量较少，仅有

2/5 的领域拥有国家级科技奖励；从省级科技奖励来看，工程科学的科技奖励数量最多，是生命科学（人口与健康）科技奖励数量的 1.6 倍，占省级科技奖励数量的 16.41%；从市级科技奖励来看，材料技术领域的数量最多，是位于第二的建设与环保技术领域数量的 1.4 倍，有接近 1/5 的领域没有市级成果奖。

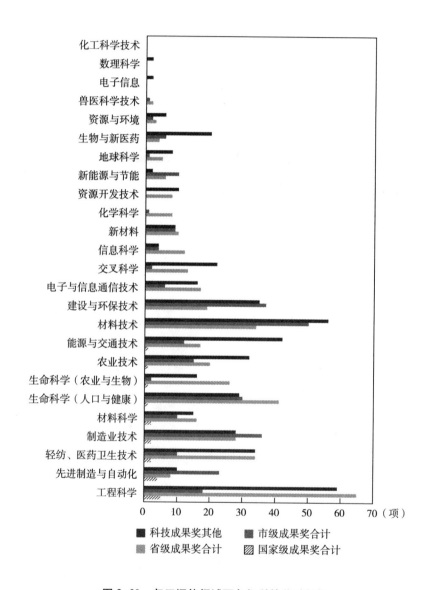

图 3-30　归口评估领域下各级科技奖励数量

从国民经济行业下各级科技奖励数量来看，如图 3-31 所示，从科技奖励总数量来说，制造业的科技奖励数量最多，是位于第二的科学研究和技术服务业科技奖励数量的 2 倍，占科技奖励数量的 39.59%，房地产业及公共管理、社会保障和社会组织的科技奖励数量为 0 项。从国家级科技奖励来看，国家级奖励数量较少，仅有接近 1/2 的行业拥有国家级科技奖励，制造业的科技奖励数量占国家级科技奖励数量的 57.89%；从省级科技奖励来看，制造业的科技奖励数量最多，是位于第三的农、林、牧、渔业科技奖励数量的 3.3 倍，占省级科技奖励数量的 31.31%，有接近 1/5 的行业没有省级成果奖；从市级科技奖励来看，制造业的数量最多，是位于第二的建筑业数量的 2.9 倍，占市级科技奖励数量的 49.47%，有 1/3 的行业没有市级成果奖。

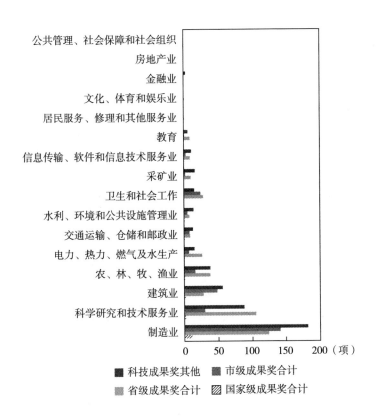

图 3-31 国民经济行业下各级科技奖励数量

第四节 论文、专著情况

一、各类论文和索引情况

从各类论文和索引数量来看，如表3-4所示，论文数量整体较多，是索引数量的2倍，占论文和索引数量的66.54%。聚焦于论文类型可以看出，国际刊物数量是国内核心数量的1.2倍，国内核心数量是国内一般数量的1.9倍；聚焦于索引类型可以看出，SCI索引数量是EI索引数量的4.6倍，EI索引是ISTP索引数量的11.2倍。整体上，论文和索引的质量较高。

表3-4 各类论文和索引数量

	类型	数量（篇）
论文	国际刊物	7702
	国内核心	6245
	国内一般	3267
索引	SCI索引	7008
	EI索引	1513
	ISTP索引	135

从各类型论文数量上来看，如图3-32所示，国际刊物数量最多，是国内一般数量的2.4倍，占论文数量的44.74%，国内核心数量位居第二，是国内一般数量的1.9倍，占论文数量的36.28%，整体上论文的发表水平较高。从各类型索引数量上来看，如图3-33所示，SCI索引数量遥遥领先，超过索引数量的八成，EI和ISTP数量较少，仅占索引数量的19.04%，整体上索引的基础学科研究水平和论文质量均较高。

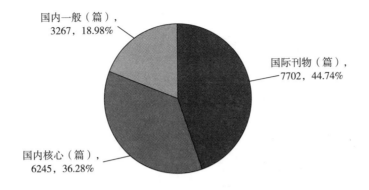

图 3-32 各类型论文数量及占比

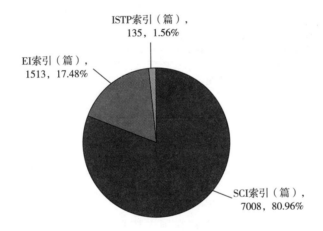

图 3-33 各类型索引数量及占比

（一）从归口评估领域看

从归口评估领域论文和索引数量上来看，如图 3-34 所示，工程科学的论文和索引数量最多，是位于第二的生命科学（人口与健康）论文和索引数量的 1.5 倍，位居第三的是材料科学，三者论文和索引数量占论文和索引数量的 42.2%；化工科学技术领域的论文和索引数量均为 0，兽医科学技术领域的论文仅有两篇，索引数为 0。

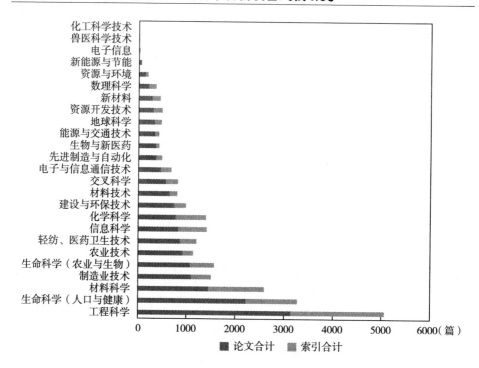

图 3-34　各归口评估领域论文和索引数量

从归口评估领域下各类论文数量来看，如表 3-5 所示，在国际刊物中，工程科学、材料科学、生命科学（人口与健康）的数量位列前三，整体上论文水平较高，在国际上认可度较高；在国内核心刊物中，工程科学、生命科学（人口与健康）和农业技术领域的数量位列前三，农业技术领域在国内的认可度较高，生命科学（农业与生物）在国际的认可度较高；在国内一般刊物中，材料技术领域、工程科学和制造业技术领域的数量位列前三，材料技术领域和制造业技术领域的论文水平有待提高。

表 3-5　归口评估领域下各类论文数量　　　　　　单位：篇

评估领域	国际刊物	国内核心刊物	国内一般刊物
工程科学	1507	1313	315
材料科学	1112	157	182

续表

评估领域	国际刊物	国内核心刊物	国内一般刊物
生命科学（人口与健康）	1014	911	292
化学科学	585	184	10
生命科学（农业与生物）	495	431	143
信息科学	466	289	74
制造业技术	334	471	294
轻纺、医药卫生技术	309	331	226
农业技术	234	483	205
交叉科学	221	159	191
建设与环保技术	213	305	231
电子与信息通信技术	209	100	158
数理科学	160	32	19
新材料	160	82	40
材料技术	144	184	325
地球科学	140	144	47
先进制造与自动化	118	164	87
资源开发技术	102	124	82
资源与环境	58	50	26
能源与交通技术	56	116	167
生物与新医药	53	196	117
新能源与节能	10	8	31
电子信息	2	11	3
化工科学技术	0	0	0
兽医科学技术	0	0	2
合计	7702	6245	3267

从归口评估领域下各类索引数量来看，如表 3-6 所示，在 SCI 索引中，工程科学、材料科学和生命科学（人口与健康）的数量位列前三，三者数量占 SCI 索引数量的 48.92%；在 EI 索引中，工程科学、信息科学和制造业技术领域的数量位列前三，三者数量占 EI 索引数量的 60.67%；在 ISTP 索引中，资源开发技术领域、生命科学（人口与健康）位列前二，两者数量占 ISTP 索引

数量的 77.78%。化工科学技术领域和兽医科学技术领域的各类索引数量均为 0 篇。

表 3-6　归口评估领域下各类索引数量　　　　　　单位：篇

评估领域	SCI 索引	EI 索引	ISTP 索引
工程科学	1315	604	7
材料科学	1118	23	0
生命科学（人口与健康）	995	27	35
化学科学	563	56	0
生命科学（农业与生物）	486	15	0
信息科学	396	189	3
轻纺、医药卫生技术	296	43	1
制造业技术	284	125	0
交叉科学	209	41	0
农业技术	207	8	1
建设与环保技术	158	77	0
电子与信息通信技术	143	66	8
数理科学	141	12	0
材料技术	134	19	1
新材料	134	38	1
地球科学	123	24	0
先进制造与自动化	101	21	0
资源开发技术	67	50	70
生物与新医药	60	6	2
能源与交通技术	39	45	5
资源与环境	37	20	1
电子信息	1	0	0
新能源与节能	1	4	0
化工科学技术	0	0	0
兽医科学技术	0	0	0
合计	7008	1513	135

（二）从国民经济行业看

从国民经济行业论文和索引数量来看，如图 3-35 所示，从论文数量来看，交通运输、仓储和邮政业位列第一，是科学研究和技术服务业数量的 3.3 倍，位居第二的是农、林、牧、渔业，是科学研究和技术服务业数量的 2.6 倍，三者论文数量占论文总数量的 67.48%；从索引数量来看，交通运输、仓储和邮政业及农、林、牧、渔业与论文数量的前二相同，公共管理、社会保障和社会组织位列第三，农、林、牧、渔业数量是它的 3.5 倍，三者论文数量占论文数量的 69.36%；文化、体育和娱乐业，房地产业的论文和索引数量极少。

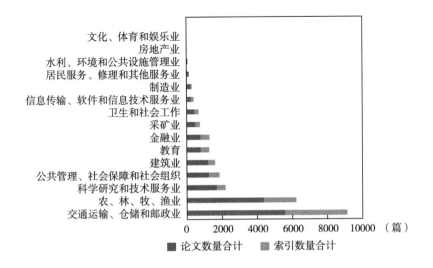

图 3-35　各国民经济行业论文和索引数量

从国民经济行业下各类论文数量来看，如表 3-7 所示，在国际刊物中，科学研究和技术服务业数量位列第一，是制造业数量的 2 倍，制造业数量位于第二，是位于第三的卫生和社会工作的数量的 2.8 倍，在国际范围内，对于科学研究和技术服务业与卫生和社会工作的研究更加重视，且论文水平较高；在国内核心刊物中，科学研究和技术服务业数量仍为第一，是制造业数量的 1.03 倍，与国际刊物相比，两者的差距较小，农、林、牧、渔业的数量与两者相差较大，制造业数量是农、林、牧、渔业数量的 2 倍，三者的数量占国内核心数量的 67.05%；在国内一般刊物中，制造业、科学研究和技术服务业与农、林、牧、渔业数量位列前三，与国内核心位列前三的行业相同但数量差距较大，制造业的数量是科学研究和技术服务业的 1.5 倍，科学研究和技术服务业数量是农、林、牧、渔业数量的 1.9 倍。房地产业的各类论文数量均为 0 篇。

表 3-7　国民经济行业下各类论文数量　　　　　　　单位：篇

国民经济行业	国际刊物	国内核心刊物	国内一般刊物
科学研究和技术服务业	3127	1706	735
制造业	1591	1662	1112
卫生和社会工作	560	606	74
教育	503	170	94
农、林、牧、渔业	487	819	377
信息传输、软件和信息技术服务业	415	269	98
建筑业	387	453	358
水利、环境和公共设施管理业	247	152	85
交通运输、仓储和邮政业	121	104	18
电力、热力、燃气及水生产	185	152	97
采矿业	55	100	74
文化、体育和娱乐业	9	16	108
金融业	6	27	32
居民服务、修理和其他服务业	6	4	1
公共管理、社会保障和社会组织	3	5	4
房地产业	0	0	0

总体上，国内研究以制造业、科学研究和技术服务业与农、林、牧、渔业为主，国际研究以科学研究和技术服务业、制造业与卫生和社会工作为主。

从国民经济行业下各类索引数量来看，如表 3-8 所示，在 SCI 索引中，科学研究和技术服务业、制造业、卫生和社会工作的索引论文数量位列前三，与国际刊物的情况基本一致，三者索引论文数量占 SCI 索引数量的 71.15%；在 EI 索引中，科学研究和技术服务业、制造业和信息传输、软件和信息技术服务业的索引论文数量位列前三，三者索引论文数量占 EI 索引数量的 70%；在 ISTP 索引中，科学研究和技术服务业、卫生和社会工作与教育的索引论文数量位列前三,科学研究和技术服务业数量远超卫生和社会工作与教育的索引论文数量,三者索引论文数量占 ISTP 索引数量的 80.7%。房地产业的各类索引数量均为 0 篇。

表3-8 国民经济行业下各类索引论文数量　　　　　单位:篇

国民经济行业	SCI 索引	EI 索引	ISTP 索引
科学研究和技术服务业	2953	528	72
制造业	1466	371	11
卫生和社会工作	567	16	20
教育	470	33	17
农、林、牧、渔业	464	36	1
信息传输、软件和信息技术服务业	322	159	6
建筑业	247	148	0
水利、环境和公共设施管理业	215	41	0
电力、热力、燃气及水生产	149	91	2
交通运输、仓储和邮政业	102	46	3
采矿业	33	38	3
文化、体育和娱乐业	9	0	0
居民服务、修理和其他服务业	5	3	0
金融业	3	1	0
公共管理、社会保障和社会组织	3	2	0
房地产业	0	0	0

二、论文被引和他引情况

就被索引的论文来看,如图 3-36 所示,国际刊物在各类索引的数量均为最多,其中国际索引 SCI 数量是国际索引 EI 的 2.7 倍,国际索引 EI 数量是国际索引 ISTP 的 3.1 倍;国内核心被 EI 索引的数量最多,是国际索引 SCI 数量的 2.6 倍。

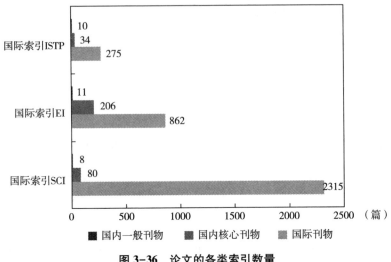

图3-36 论文的各类索引数量

从各类论文他引次数来看，如图3-37所示，国内核心刊物被他引的次数最多，是国际刊物被他引次数的1.5倍，占总他引次数的55.36%；国内一般刊物被他引的次数最少，仅占总他引次数的7.77%。从各类论文影响因子来看，如图3-38所示，国际刊物的影响因子最大，是国内核心刊物的4.8倍，占总影响因子的64.25%；国内一般刊物的影响因子是国内核心的1.7倍，仅占总他引次数的22.45%。总体上，虽然国内核心刊物的他引次数最多，但国际刊物的影响力更强。

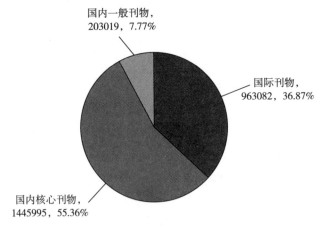

图3-37 各类论文的他引次数及占比

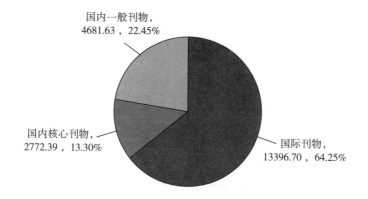

图 3-38　各类论文影响因子占比

（一）从归口评估领域看

从归口评估领域下论文的索引情况来看，工程科学、生命科学（人口与健康）和材料技术领域的总索引数量位列前三，工程科学是材料技术领域索引数量的 2.6 倍，三者索引数量占总索引数量的 38.31%，兽医科学技术领域和电子信息的总索引数量最少。

在国际索引 SCI 中，如图 3-39 所示，生命科学（人口与健康）、工程科学和生命科学（农业与生物）的索引数量位列前三，生命科学（人口与健康）索引数量是工程科学的 1.3 倍，工程科学索引数量是生命科学（农业与生物）的 1.8 倍，三者之和是国际索引 SCI 数量的 41.91%；在国际索引 EI 中，工程科学的索引数量遥遥领先，信息科学和制造业技术领域的 EI 索引数量相同，是工程科学索引数量的 1/3，三者索引数量占国际索引 EI 数量的 40.04%；在国际索引 ISTP 中，材料技术领域、生命科学（人口与健康）和工程科学位列前三，占国际索引 ISTP 数量的 45.14%，但整体索引数量较少。

从各归口评估领域的他引次数来看，如图 3-40 所示，生命科学（人口与健康）他引次数位列第一，地球科学他引次数位于第二，两者相差细微，说明两者论文在机构或其他国家的认可度较高，材料技术领域的他引次数位于第三，仅为地球科学领域他引次数的 1/2；兽医科学技术领域的他引次数为 0 次。

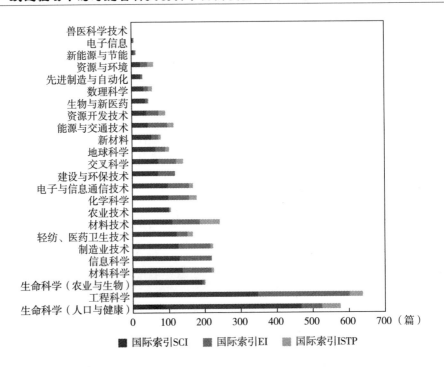

图 3-39　归口评估领域下论文的各类索引数量

从各归口评估领域影响因子来看,如图 3-41 所示,生命科学(人口与健康)位列第一,是轻纺、医药卫生技术领域影响因子的 2.3 倍,建设与环保技术领域位列第二,是轻纺、医药卫生技术领域影响因子的 2.1 倍。兽医科学技术领域的影响因子最小,仅为 0.12。

(二) 从国民经济行业看

从国民经济行业下论文的索引情况来看,如图 3-42 所示,总索引数量中,科学研究和技术服务业位列第一,和位居第二的制造业索引数量相差极小,制造业索引数量是卫生和社会工作索引数量的 3.1 倍,公共管理、社会保障和社会组织与金融业的总索引数量最小。

在国际索引 SCI 中,科学研究和技术服务业、制造业与卫生和社会工作的索引数量位列前三,与总索引数量的趋势相同,科学研究和技术服务业索引数

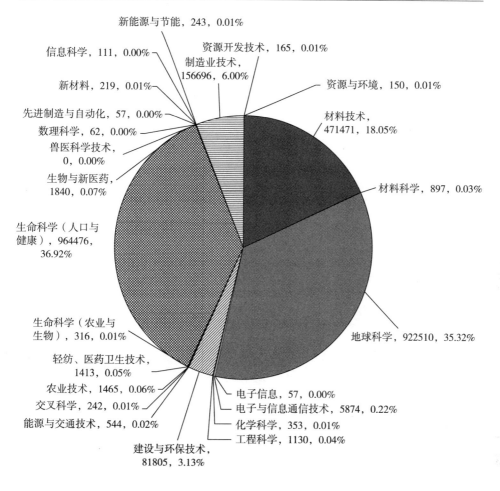

图 3-40　各归口评估领域他引次数及占比

量是制造业的 1.2 倍，制造业索引数量是卫生和社会工作的 2.5 倍，三者之和是国际索引 SCI 数量的 64.38%；在国际索引 EI 中，制造业位居第一，是科学研究和技术服务业的 1.2 倍，科学研究和技术服务业位列第二，位于第三的建筑业索引数量是科学研究和技术服务业索引数量的 3/10，三者索引数量占国际索引 EI 数量的 66.27%；在国际索引 ISTP 中，制造业、科学研究和技术服务业与卫生和社会工作位列前三，制造业索引数量是科学研究和技术服务业索引数量的 1.6 倍，是卫生和社会工作的 2.7 倍，占国际索引 ISTP 数量的 72.73%，

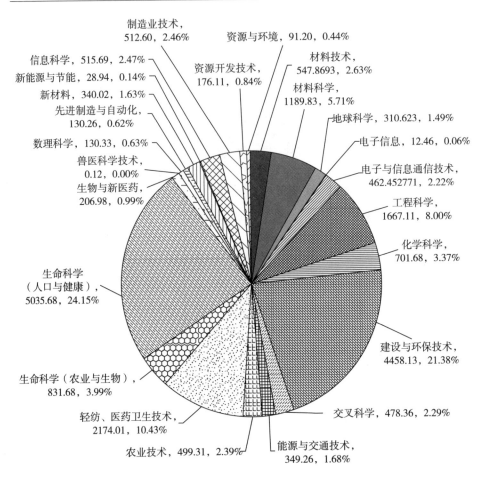

图 3-41　各归口评估领域影响因子占比

居民服务、修理和其他服务业，公共管理、社会保障和社会组织，金融业与文化、体育和娱乐业的索引数量均为 0 篇。

　　从各国民经济行业的他引次数来看，如图 3-43 所示，教育、科学研究和技术服务业、制造业位列前三，远超其他类型国民经济行业，教育他引次数最多，是科学研究和技术服务业他引次数的 1.2 倍，是制造业他引次数的 1.4 倍；文化、体育和娱乐业及居民服务、修理和其他服务业的他引次数极少。

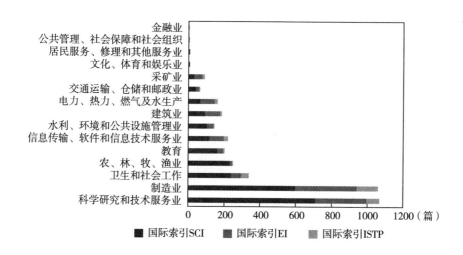

图 3-42　国民经济行业下论文索引数量

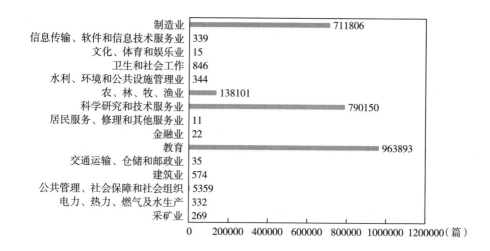

图 3-43　各国民经济行业论文他引次数

从各国民经济行业的影响因子来看，如图 3-44 所示，制造业、教育与科学研究和技术服务业位列前三，制造业影响因子远超其他类型国民经济行业，是教育影响因子的 2.2 倍；教育与科学研究和技术服务业影响因子差别不大；

居民服务、修理和其他服务业与公共管理、社会保障和社会组织的影响因子较小。

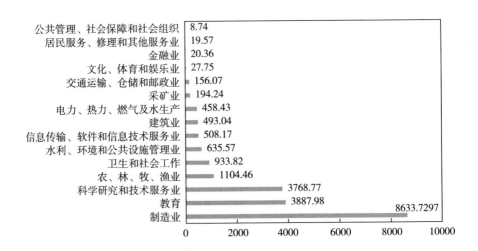

图 3-44　各国民经济行业论文影响因子

三、专著数量和行业分布情况

从专著情况来看，主要专著共计 387 部，来源于 186 个创新平台。从各归口评估领域的专著数量来看，如图 3-45 所示，生命科学（人口与健康）的专著数量最多，工程科学位列第二，第三则是农业技术领域，位居第四的是制造业技术领域，四者之和占专著数量的 51.2%，电子信息、新材料、化学科学的专著数量极少，表明河北省在能源和环保方面的关注度还不够。

从各国民经济行业的专著数量来看，如图 3-46 所示，制造业、科学研究和技术服务业及农、林、牧、渔业的专著数量位列前三，制造业数量是科学研究和技术服务业数量的 1.4 倍，三者之和占专著数量的 60%。居民服务、修理和其他服务业的专著数量最少。

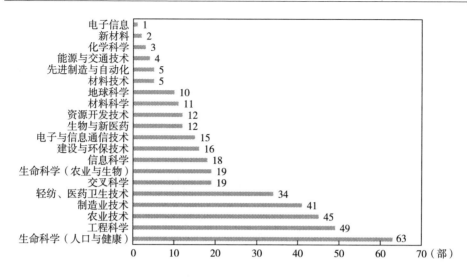

图 3-45 各归口评估领域专著数量

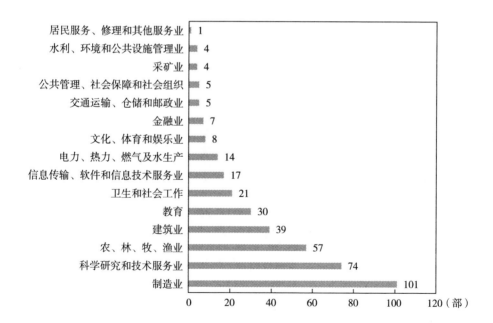

图 3-46 各国民经济行业专著数量

<h1 style="text-align:center">第五节 标准工法情况</h1>

从标准工法情况来看，如图 3-47 所示，主持标准和工法合计项目数均最多，修订标准和工法合计项目数均为最少，且修订工法合计项目数为 0 项。标准合计项目数中，主持标准的项目数最多，是位于第二的制订标准合计项目数的 1.3 倍。工法合计项目数总体较少，制订工法合计项目数仅为主持工法合计项目数的 1/2。

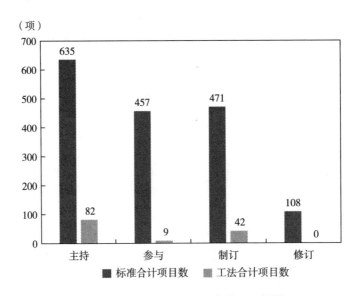

图 3-47 各类标准和工法合计项目数量

一、级别情况

从标准级别来看，如图 3-48 所示，主持的项目数中，主持企业标准项目数量最多，是主持地方标准项目数的 2.7 倍，占主持标准项目数的 61.57%，位于第二的主持地方标准项目数是主持行业标准项目数的 2.8 倍。参与的项目数中，参与国家标准项目数量最多，是参与企业标准项目数的 1.3 倍，占参与标准项目数的 33.48%，参与行业和企业标准项目数基本相同，是参与地方标准项目数的 1.9 倍。制订的项目数中，制订企业标准项目数遥遥领先，是制订地方标准项目数的 8.2 倍，占制订标准项目数的 78.13%。修订的项目数中，修订企业标准项目数较其他类型数量较多，是修订行业标准项目数的 3.7 倍，占修订合计项目数的 71.30%。

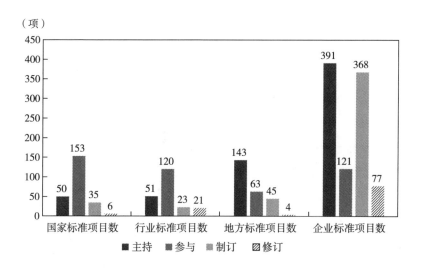

图 3-48　标准级别下项目数量

从纵向来看，国家标准项目数中参与的项目数最多，占国家标准项目数的 62.70%；行业标准项目数中参与的项目数最多，占行业标准项目数的 55.81%；地方标准项目数中主持的项目数最多，占地方标准项目数的 56.08%；企业标准项目数中主持的项目数最多，占企业标准项目数的 40.86%。

从工法级别来看，如图 3-49 所示，横向来看，修订的各类工法合计项目数均为 0 项，在主持的项目数中，企业工法项目数最多，占主持工法项目数的 73.17%。在参与的项目数中，企业工法项目数是省级工法项目数的 2 倍，但参与的项目数量极少。在制订的项目数中，省级工法项目数是企业工法项目数的 1.7 倍，占制订工法项目数的 61.90%。纵向来看，各类国家工法项目数均为 0 项，省级工法项目数中，制订和主持的项目数量相近，企业工法项目数中，主持的工法项目数最多，占企业工法项目数的 73.17%。

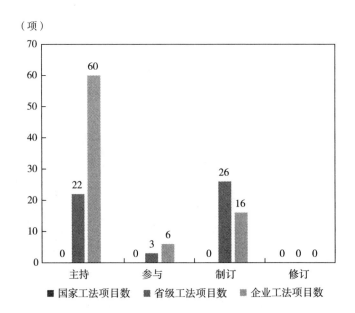

图 3-49　工法级别下合计项目数量

二、归口评估领域

（一）标准级别

从归口评估领域下标准级别的合计项目数来看，如图 3-50 所示，整体数量最多的是制造业技术领域，是材料技术领域标准项目数的 1.2 倍，位列第三的是农业技术领域，是材料技术领域标准项目数的 17/20，三者占标准合计项目数的 49.31%。电子信息、化工科学技术、兽医科学技术领域标准合计项目数均为 0 项。

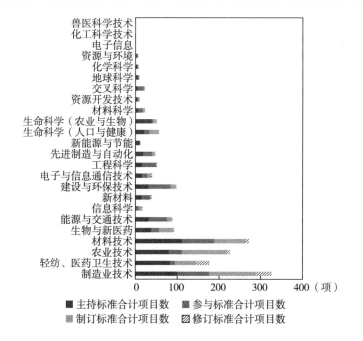

图3-50　归口评估领域下标准级别数量

从主持标准合计项目数来看，材料技术领域、制造业技术领域和轻纺、医药卫生技术领域位列前三，三者占主持标准合计项目数的46.46%。

从参与标准合计项目数来看，材料技术领域、制造业技术领域和建设与环保技术领域位列前三，三者占参与标准合计项目数的44.86%，整体上参与标准合计项目数量较少。

从制订标准合计项目数来看，制造业技术领域、农业技术领域和材料技术领域位列前三，制造业技术领域和农业技术领域制订标准项目数相差较小，是材料技术领域制订标准项目数的1.5倍，三者占制订标准合计项目数的62.42%。资源与环境和新能源与节能的制订标准项目数也为0项。

从修订标准合计项目数来看，制造业技术领域和轻纺、医药卫生技术领域数量相当，二者占修订标准合计项目数的64.81%，整体上修订标准项目数量极少。有一半的归口评估领域的修订标准项目数为0项。

（二）工法级别

从归口评估领域下工法级别的合计项目数来看，如图 3-51 所示，整体数量最多的是建设与环保技术领域，是工程科学工法项目数的 2 倍，工程科学和制造业技术领域工法项目数相当，三者占工法合计项目数的 74.44%。接近一半的归口评估领域没有工法项目。

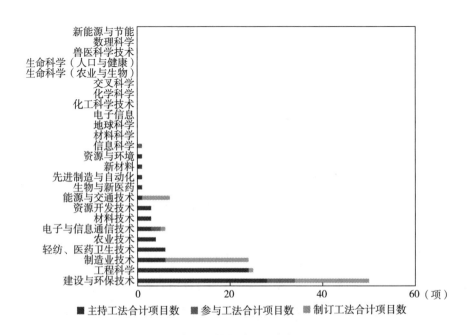

图 3-51　归口评估领域工法参与程度分析

从主持工法合计项目数来看，建设与环保技术领域、工程科学的主持工法项目数超过 20 项，有超过 2/5 的归口评估领域拥有主持工法项目。

从参与工法合计项目数来看，建设与环保技术领域、电子与信息通信技术领域和信息科学位列前三，且三者参与工法项目数均为个位数，仅有 1/10 的归口评估领域拥有参与工法项目。

从制订工法合计项目数来看，制造业技术领域、建设与环保技术领域项目数超过 10 项，能源与交通技术领域、电子与信息通信技术领域和工程科学制订工法项目数为个位数，仅有 1/5 的归口评估领域拥有制订工法项目。

三、国民经济行业

（一）标准级别

从国民经济行业下标准级别的合计项目数来看，如图 3-52 所示，整体数量最多的是制造业，远超位于第二的农、林、牧、渔业和第三的科学研究和技术服务业，是农、林、牧、渔业标准项目数的 3.6 倍，三者占标准合计项目数的 82.53%。金融业与居民服务、修理和其他服务业及公共管理、社会保障和社会组织标准项目数均为 0 项。

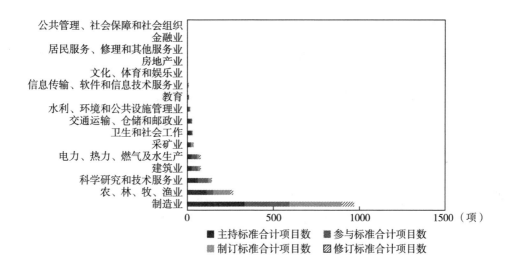

图 3-52　国民经济行业下标准级别数量

从主持标准合计项目数来看，制造业数量最多，是农、林、牧、渔业的 2.7 倍，科学研究和技术服务业为第三，是农、林、牧、渔业主持标准项目数的 1/2，三者占主持标准合计项目数的 78.22%。房地产业的主持标准项目数为 0 项。

从参与标准合计项目数来看，制造业、科学研究和技术服务业与农、林、牧、渔业位列前三，制造业数量最多，是农、林、牧、渔业参与标准项目数的 4.3 倍，三者占参与标准合计项目数的 78.12%。

从制订标准合计项目数来看，制造业数量远远超过农、林、牧、渔业与科学研究和技术服务业，是农、林、牧、渔业制订标准项目数的 3.1 倍，三者占制订标准合计项目数的 89.60%。有接近一半的国民经济行业制订标准项目数为 0 项。

从修订标准合计项目数来看，制造业数量远远超过农、林、牧、渔业和电力、热力、燃气及水生产，是农、林、牧、渔业修订标准项目数的 4.3 倍，三者占修订标准合计项目数的 90.74%。有超过一半的国民经济行业修订标准项目数为 0 项。

（二）工法级别

从国民经济行业下工法级别的合计项目数来看，如图 3-53 所示，整体数量最多的是建筑业，是位于第二的制造业工法项目数的 2.3 倍，二者占工法合计项目数的 90.23%。有 3/8 的国民经济行业工法项目数仅为个位数。

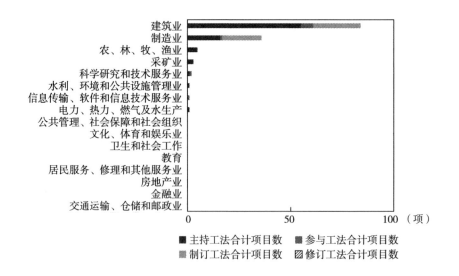

图 3-53　国民经济行业工法参与程度项目数量

从主持工法合计项目数来看，建筑业数量最多，是制造业的 3.4 倍，两者占主持工法合计项目数的 86.59%。有 1/3 的国民经济行业工法项目数仅为个位数。

从参与工法合计项目数来看，仅建筑业、制造业与信息传输、软件和信息技术服务业拥有参与工法项目，整体参与工法项目数量较少。从制订工法合计项目数来看，仅制造业和建筑业拥有制订工法项目。

第四章 河北省科技创新平台科研服务能力概况

第一节 对外科研合作情况

一、受托项目情况

2020 年，河北省的 342 个创新平台的受托项目共有 2634 个，受托研究成果共有 2259 项，合同金额共计 2332154 万元。从图 4-1 中可以看出，受托单位类型为企业的最多，是科研机构的 6.9 倍，是政府机构数量的 10.2 倍，占受托项目总数量的 74.04%，来自科研机构的受托项目数量是高等院校的 2.1 倍，高等院校占受托项目总数量的 5.29%，表明河北省大部分创新平台和企业间的合作较为密切。

二、委托项目情况

河北省的 249 个创新平台共有 865 项委托项目，合同金额共计 104878.6 万

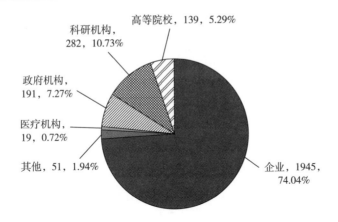

图 4-1　创新平台受托项目类型数量及占比

元。从委托单位类型来看,如图 4-2 所示,委托单位类型为高等院校和企业的数量最多,高等院校项目数量是科研机构项目数量的 4 倍,占项目总数量的45.12%;企业项目数量是科研机构项目数量的 3.6 倍,占项目总数量的40.58%。其中,仅有 4 个平台将项目委托给多个单位联合完成,河北省大多数创新平台将项目委托给高等院校或企业。

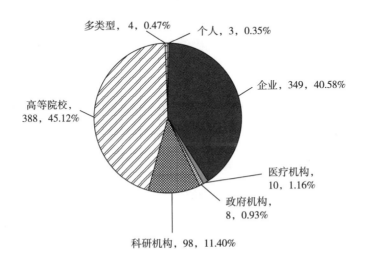

图 4-2　委托单位类型数量及占比

从各类型委托单位的总计合同金额上来看，如图4-3所示，企业的合同金额数最多，是高等院校合同金额的4.5倍，占合同总金额的76.94%，结合图4-2，虽然高等院校的委托单位数量更多，但合同金额与企业相比相差极大，高等院校的合同金额是科研机构合同金额的3.4倍，高等院校和科研机构的委托单位类型数量相差3.9倍，两者在数量与合同金额相差不大。

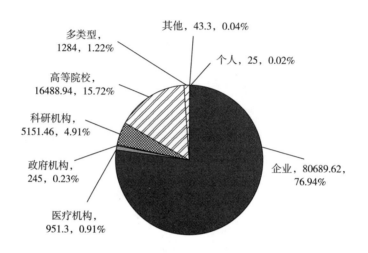

图4-3　各类委托单位合同总金额及占比

三、引进项目情况

河北省共有63个创新平台参与引进消化吸收再创新项目，消化吸收再创新项目共有96项，成果引进金额共计47166.17万元，消化吸收再创新投资69145.29万元。从成果类型来看，如图4-4所示，专利、专有技术和应用基础研究成果三者相差不多，应用基础研究领域成果数量占总成果数量34.38%，专利成果数量占总成果数量33.33%，专有技术成果数量占总成果数量32.29%。总体上，参与引进消化吸收再创新项目的创新平台数量虽少，但对于各类型成果引进消化再吸收的项目数量保持平衡。

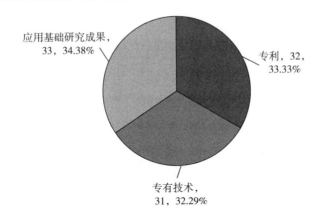

图 4-4　引进消化再吸收项目成果类型数量及占比

结合成果引进金额和消化吸收再创新投资来看，如图 4-5 所示，专有技术在成果引进金额花费最多，是专利花费资金的 2.5 倍，是应用基础研究成果的

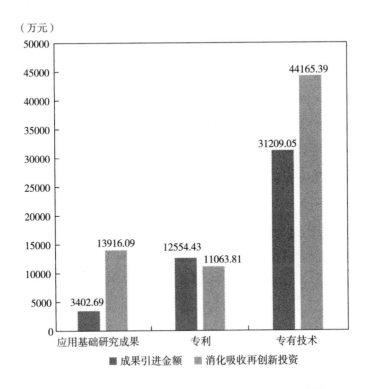

图 4-5　各类成果引进金额和消化吸收再创新投资金额数目

9.1倍。专有技术在消化吸收再创新投资花费最多，是专利花费资金的4倍，是应用基础研究成果的3.1倍。总体上，河北省创新平台在专有技术方面的投资最多，而在专有技术的成果方面没有体现出优势，投入产出比较低。

从成果来源上来看，如图4-6所示，引进消化吸收再创新项目来源单位类型为企业的项目数量最多，是高等院校项目数量的2.6倍，是科研机构项目数量的3.8倍，占项目总数量的35.42%。其中，来自自主研发的项目数量仅有9项，占项目总数量的9.38%，河北省创新平台的自主研发的能力不强，且企业的创新能力也不强，能够进行引进消化吸收再创新的项目不多。

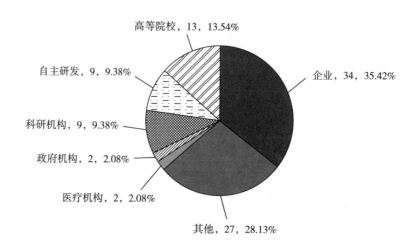

图4-6 引进消化吸收再创新项目来源单位类型数量及占比

从来源单位所在地区来看，如图4-7所示，京津冀地区内外相差不大，聚焦到企业上来看来源单位地区情况，来自京津冀以外地区的企业数量较多，是来自京津冀地区企业数量的2.8倍，占企业数量的73.53%，说明平台与京津冀以外地区的企业合作较活跃。

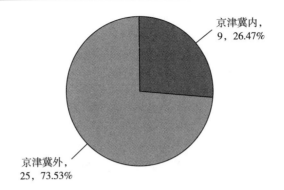

图 4-7　引进消化吸收再创新项目企业来源单位地区京津冀内外数量及占比

第二节　科研服务情况

一、专利及专有技术转让情况

河北省 1191 个创新平台的专利、专有技术转让合同项目共计 772 项，合同金额共计 70172.35 万元。

拥有专利、专有技术合同转让项目的创新平台共有 182 个，占创新平台总数量的 15.28%。聚焦到合同金额数目上，从图 4-8 可以看出，合同金额数大于等于 1000 万元的创新平台仅有 9 个，合同金额数小于 20 万元的创新平台数量是前者数量的 8.4 倍，整体创新平台合同金额数不大，合同金额数处于 100 万元以下的创新平台占创新平台总数量的 75.04%，说明河北省的专利、专有技术创新性不强，价值不大。

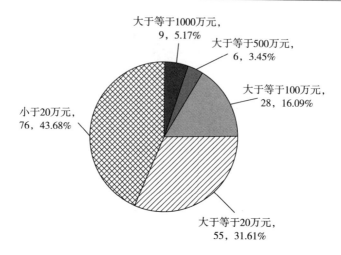

图4-8 专利、专有技术合同总金额不同段金额及占比

从专利、专有技术合同转让项目数上来看，如图4-9所示，专利权转让合同项目数最多，是专利许可转让合同项目数的5.3倍，是专有技术使用权转让合同项目数的4.4倍，占项目数的63.34%，专有技术项目数、专有技术使用权转让合同项目数和专利许可转让合同项目数的数量相差不多，说明河北省对于专利权的需求量较大。

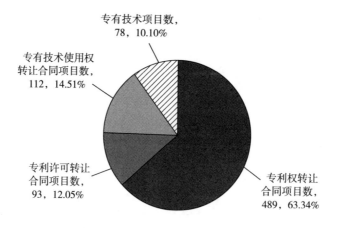

图4-9 专利、专有技术合同转让项目数及占比

从各类专利、专有技术合同转让的合同金额上来看，从图4-10可以看出，专有技术金额最大，是专利许可转让金额的12.5倍，是专有技术使用权转让合同金额的9.4倍。专利权转让合同金额是专利许可转让金额的11倍，专有技术及使用权合同转让金额之和大于专利许可转让和专利权转让合同金额之和。说明河北省对于专有技术和专利的需求量较大，反映出河北省创新平台创新上的劣势比较突出。

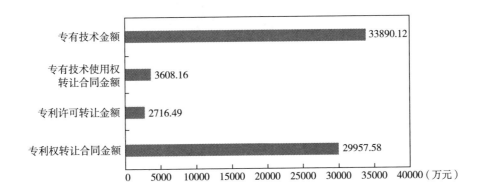

图4-10 专利、专有技术合同转让合同金额

河北省的182个创新平台拥有771个成果，共计金额70172.35万元。从专利、专有技术合同技术转让类型上来看，如图4-11所示，专利权转让的项目数量最多，是专有技术使用权项目数量的4.4倍，是专利实施许可转让项目数的5.2倍，专有技术使用权转让、专有技术转让和专利许可实施转让数量相差不多。其中，有31项合同的转让金额为0元，占总合同项目数的4.02%。

从专利、专有技术合同转让单位类型上来看，如图4-12所示，转让单位中高等院校转让数量最多，是科研机构转让数量的7.7倍，是企业转让数量的2.8倍，企业转让数量是科研机构转让数量的2.8倍。其中，有15个创新平台的成果由本单位自主研发。

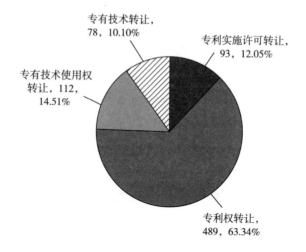

图 4-11　专利、专有技术合同技术转让类型数量及占比

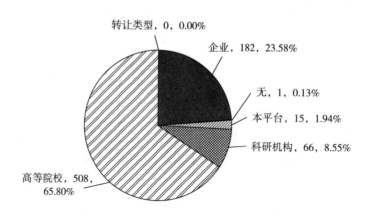

图 4-12　专利、专有技术合同转让单位类型数量及占比

　　从专利、专有技术合同受让单位类型上来看，如图 4-13 所示，受让单位是企业的受让成果数量最多，占受让成果数量的 92.56%，其他类型单位占比极小，说明专利专有技术在产学研融合上与企业的适配度较高，创新成果能够较好地被企业使用。

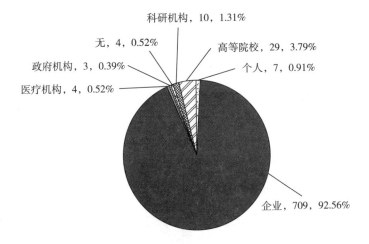

科研机构，10，1.31%

无，4，0.52%

高等院校，29，3.79%

政府机构，3，0.39%

个人，7，0.91%

医疗机构，4，0.52%

企业，709，92.56%

图4-13 专利、专有技术合同受让单位类型数量及占比

二、技术服务情况

如图4-14所示，河北省的1191个创新平台共有技术咨询、服务合同项目数3404项，合同金额总计2271667万元。技术服务占绝大部分，技术服务合同项目数是技术咨询合同项目数的6倍，说明河北省对技术的需求量较大。从整体合同金额上来看，技术服务是技术咨询合同金额的31倍，从技术咨询和服务的单项平均合同金额来看，单项技术咨询合同金额为146.1万元，单项技术服务合同金额为754.2万元，说明技术服务的价值更高。

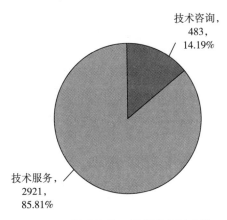

技术咨询，483，14.19%

技术服务，2921，85.81%

图4-14 技术咨询、服务数量及占比

从提供服务单位类型上来看，如图4-15所示，提供技术咨询、服务次数最多的是企业，是高等院校提供次数的1.6倍，是科研机构提供次数的2.4倍，占总技术咨询、服务次数的47.55%。高等院校提供技术咨询、服务次数仅次于企业，是科研机构提供次数的1.5倍，占总技术咨询、服务次数的29.78%。总体上，企业和高等院校提供技术咨询、服务的次数较多，说明高等院校和企业的技术水平较高。

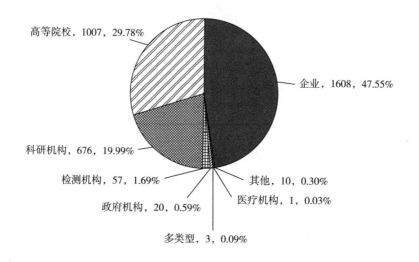

图4-15 提供服务单位类型数量及占比

从被服务单位类型上来看，如图4-16所示，接受技术咨询、服务次数最多的是企业，是高等院校接受次数的12.7倍，是科研机构接受次数的12.8倍，占总技术咨询、服务次数的75.30%，说明企业由于其自身掌握技术的局限性，需要技术服务的数量更多，政府机构接受技术咨询、服务的次数仅次于企业，是科研机构提供次数的1.3倍，占总技术咨询、服务次数的7.59%。说明政府机构在一定程度上由于自身局限性，需要技术咨询和服务。医疗机构接受的技术咨询、服务的次数最少，说明医疗机构的技术专业性较强，能为其提供咨询服务的单位较少。

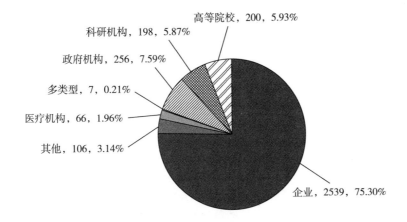

图 4-16　被服务单位类型数量及占比

三、技术推广项目情况

参与成果推广的创新平台共计 195 个，成果推广项目总计 441 项，由 230 家单位进行项目推广，推广次数共计 2473 次，花费金额总计 285877.1 万元。从技术推广项目组织单位类型来看，如图 4-17 所示，组织单位类型为企业的数量最多，是科研机构组织数量的 3.7 倍，占组织单位类型总数量的 65.08%。科研机构组织数量仅次于企业，是高等院校数量的 4.1 倍，占组织单位类型总数量的 17.69%。绝大部分组织单位来自企业和科研机构，反映出企业和科研机构处于技术的一线地位。

其中，从各类型组织单位项目推广次数数量上来看，如图 4-18 所示，科研机构项目推广次数最多，其次为企业，且推广次数数量上相差不多，但两者在组织单位数量上相差很大，企业的组织单位数量较多，但平均各个企业进行技术推广的次数仅为 3.6 次，而科研机构的组织单位数量较少，平均每个科研机构的技术推广次数为 14 次，科研机构在技术推广上的优势较为显著。政府机构和医疗机构组织单位数量相同，但项目推广次数相比医疗机构多。检测机构的数量最少，但是项目推广次数不少。因此，组织单位数量的多少与技术推广次数的多少不成正比。

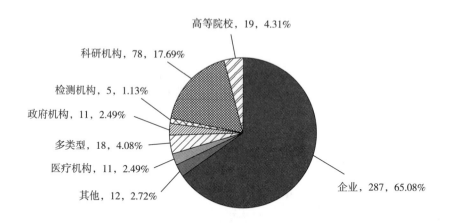

图4-17 技术推广项目组织单位类型数量及占比

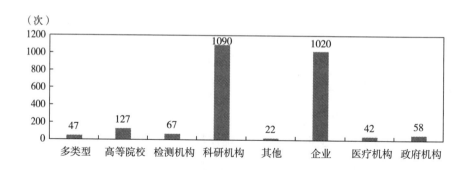

图4-18 各类型组织单位项目推广次数

从各类型组织单位项目推广金额来看，如图4-19所示，企业花费的项目推广金额最多，是科研机构花费的17.4倍，在项目推广次数上科研机构的推广次数最多，而企业的项目推广金额比科研机构的金额高很多，平均每次推广花费257.9万元，成本较高，而科研机构平均每次推广花费13.9万元，成本较低；政府机构项目推广花费的金额最少，平均每次推广仅花费3.9万元，资金发挥的效用较大。

（万元）

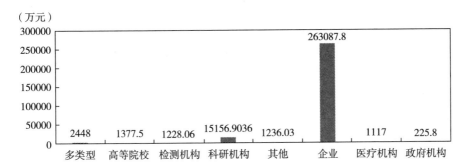

图4-19 各类型组织单位推广金额数量

从技术推广项目会议内容上来看，如图4-20所示，对会议内容进行词云分析，会议内容围绕技术、生产、工艺、系统、设计、原理、产品、设备的推广、讲解、分析、培训、应用、操作、使用、检测和介绍。图4-20中字体最大的是"技术""推广"，很好地体现出技术推广的主题。

图4-20 技术推广项目会议内容词云图

来自632个创新平台的成果培训项目总计2104项，由842家单位进行项目培训，培训次数共计4847次，培训人数总计324727人。从技术培训项目组织单位类型来看，如图 4-21 所示，组织单位类型为企业的数量最多，是科研机构数量的 3.4 倍，占组织单位类型总数量的 60.22%。科研机构仅次于企业，是高等院校数量的 2.2 倍，占组织单位类型总数量的 17.59%。总体上，绝大部分组织单位来自企业和科研机构，与技术推广项目的组织单位类型占比相差不多。

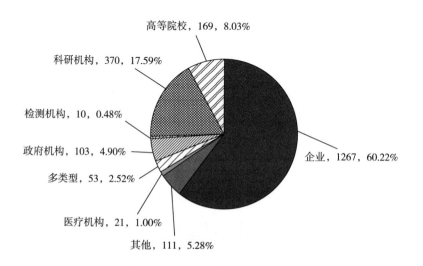

图 4-21　技术培训项目组织单位类型数量占比

第五章　科技创新平台创新效率测评及影响因素分析

本书以重点实验室为例，进行科技创新平台创新效率测评及影响因素分析。

第一节　创新效率测评方法设计

一、国内外研究现状

美国、法国、德国等西方发达国家早在 20 世纪 60 年代就开展了实验室评估工作。英国、德国多采用同行评议的方式，但德国在定量评价上设计了相对完备的数据统计调查指标。韩国进行重点实验室评估的核心是国家科学技术理事会，负责从国家角度开展科学技术规划和评价工作，包括国家 R&D 投入预算等前期协调工作。美国成功运作了半个多世纪的实验室体系，积累了卓有成效的经验，有一整套完善的实验室管理体制和运行机制。美国普遍采用同行评议的办法对实验室进行评估，其所使用的定性方法主要包括指标评价法（发表论文质量，如引用次数和影响因子、专利、专著、学生培养情况等）、过程评价法、层次分析法、文献计量法、成本—效益分析法等。

我国的重点实验室评估开始于 1990 年，其后不断根据实际情况对重点实验室评估方法及评估指标体系进行了修订。2014 年最新修订的《国家重点实验室评估规则》更加注重代表性成果的水平与国际学术影响，强调合作研究与自主研究课题的组织实施，加强青年骨干人才培养。在我国实验室评估中，依托单位每年对实验室工作进行年度考核，考核结果上报主管部门备案。在年度考核的基础上，科技部定期组织实验室的周期评估，委托中介机构按不同领域，本着"公开、公平、公正""依靠专家、发扬民主、实事求是、公正合理"的原则进行。按照优胜劣汰的原则，对被评估为优秀的实验室，符合实验室总体要求的实验室，可申请升级为重点实验室；对评估成绩差、不符合要求的实验室，则予以降级或淘汰。

与英美等西方国家相比，我国现有的实验室考核和评估主要采用同行专家评价法。由专家依据固定的评估指标体系及指标完成结果进行打分，按得分多少对各重点实验室排序。采用这一方法对重点实验室进行评估可以发挥专家的专业特长和经验，并提供咨询意见，但此方法较少考虑科技投入和科技产出之间的关联关系，导致评估结果既不能反映投入产出效率，也不能根据科技投入预测科技产出或根据科技产出预测科技投入需求。近年来，很多国内学者对实验室投入产出效率测评做了很多研究工作，拓宽了我国实验室绩效评估的研究思路。许娜和路文杰（2018）通过分析采用灰色关联分析法确定指标权重限制条件，再结合数据包络分析建立实验室综合评估模型；王蕊（2012）将层次分析法（AHP）、主成分分析法（PCA）、人工神经网络（BP）相结合，构建了基于 AHP-PCA-BP 的综合评价模型并进行了重点实验室实证分析；刘顺成等（2010）考虑到重点实验室评估指标具有模糊特性，将层次分析法与模糊数学方法结合起来用于评估，使一些不确定因素得以有效处理。

分析国内外重点实验室评价方法的不同适用范围和优缺点，可以看出，实验室常用的评估方法可以分为定性和定量两种，其中定性评估的主要方法有同行评议法、德尔菲法、层次分析法以及面访与问卷法等；定量评估的主要方法有灰色关联分析法、数据包络分析法、模糊综合评价法等。本书吸纳前人的研究结果，从投入产出的角度出发，考虑重点实验室投入产出指标特征，将数据包络分析法与反熵法相结合，对河北省省级以上重点实验室进行投入产出创新效率评估。

二、创新效率测评指标体系

根据《国家重点实验室建设与运行管理办法》（以下简称《管理办法》），对我国重点实验室的评估工作主要是通过近 3~5 年的整体运行状况进行综合评价，《管理办法》规定的指标包括：研究水平与贡献、队伍建设、人才培养、运行管理等。结合《管理办法》中的指标要求和河北省重点实验室评估指标体系和评估要点（2018 年版），本书从平台运行投入和成果产出两方面入手，整理得到重点实验室创新效率评估的投入产出指标及包括的评估要点如表 5-1 所示。

表 5-1　实验室创新效率评价指标体系

一级指标	二级指标	评估要点
投入指标	研发投入	国家级项目经费
		省部级项目经费
		市级及以下项目经费
		依托单位拨付经费
		合作项目经费
	队伍建设	固定工作人数
		职称构成（高级职称人数）
		学历构成（博士学位人数）
	科研用房	年末科研用房建筑面积总数
	仪器设备	年末仪器设备原值

续表

一级指标	二级指标	评估要点
产出指标	论文专著成果	论文（SCI、EI、ISTP 检索，核心期刊）
		专著
	知识产权成果	知识产权申请与授权数
	科研奖励	国家级成果奖
		省级成果奖
	成果转化与对外服务	专利、专有技术合同转让
		技术咨询、技术服务
		技术推广和技术培训
	人才培养	出站博士后人数
		毕业博士研究生人数
		毕业硕士研究生人数

三、指标说明与数据采集

考虑到知识产出具有一定的滞后性，并且投入也有一定的时间过程，本书采用 2019~2020 年度河北省科技创新平台年报统计表（重点实验室年报统计表）为数据源，以 2019 年年报统计表相关数据为投入指标数据源，以 2020 年年报统计表相关数据为产出指标数据源。指标数据采集情况介绍如下：

（一）投入指标

1. 研发投入

实验室以基础研究、应用基础研究和基础性研究工作为主，有较强的承担国家和省（部）科学研究项目的能力，有较高的科研效率，能获得充足的科研经费。科技活动经费筹集额指实验室在评估期内开展科学研究与试验发展（R&D）、科技教育与培训、科技服务所获得的经费数量。具体包括承担的国家级项目经费、省部级项目经费、市级及以下项目经费、合作研发项目经费、依托单位拨付经费。根据指标要点说明，采用省级以上各重点实验室 2019 年报统计表里经费汇总中的筹集经费总额。

2. 队伍建设

实验室研究团队是吸引和稳定高水平人才的主要阵地，是培养优秀青年人才的有力措施。研究队伍的知识、年龄和职称结构是否合理，都将影响团队的团结协作和学术气氛。学术带头人为本领域有影响的学者，学术思想活跃，研究成果显著，在实验室建设和成果产出中发挥了重要作用；实验室的所有固定人员多数都参加了代表性成果的研究工作。考虑到河北省各重点实验室工作人员不论职称和学历均参与了实验室的建设，并且没有人员工作当量统计相关数据，因此这里采用各实验室 2019 年年报内人员基本情况汇总表中的年末总人数作为该项指标数据。

3. 科研用房

科研与办公用房是实验室建设的基本条件之一，也是衡量实验室研发水平、科研能力的一个重要标志，在人才培养、科学研究和服务社会等方面拥有举足轻重的地位。考虑到科研和办公用房实验室建设初期的投入居多，每年的投入资金已计算在研发投入内，因此选取 2019 年年报内科研用房表中的建筑面积年末总数作为该指标的数据。

4. 仪器设备

大型实验室设备的购置工作是重点实验室管理的一项重要工作。只有提高仪器设备购置的有效性，才能合理利用资金，最大限度地满足实验室的发展。本书选取 2019 年年末实验室仪器设备表中的原值年末总数作为该指标的数据，而不采用当年仪器设备增加值原值，因为仪器设备增加值原值在研发资金投入里面已经体现出来了，这里不再重复计算。

（二）产出指标

1. 论文专著成果

论文专著成果指在评估期限内实验室固定人员发表的被 SCI、EI、ISTP 收录的论文及国内核心期刊论文和已正式出版的学术专著。本书采用 2020 年各实验室统计表中论文汇总表与主要专著明细表作为数据源，参考河北省内高校科研考核采用的论文折合系数，将专著、SCI、EI、ISTP、核心期刊按照 10：5：3：1：1 的比例关系折合成核心论文篇数作为该指标数据。

2. 知识产权成果

知识产权成果指实验室固定人员在评估期内获得的与研究方向密切相关的 PCT、授权发明专利及某些行业批准的具有自主知识产权意义的国家级证书，如新医药、新农药、新软件、经国家和省审（鉴）定的动植物新品种等。包括评估期内申请和授权两项。考虑到指标数量，本书采用 2020 年各实验室统计表中知识产权汇总表中的授权数合计作为该指标数据。

3. 科研奖励

科研奖励指科技奖励水平及实验室人员对获奖成果的贡献。科研奖励包括国家级科技获奖和省级科技获奖，参考河北省高校绩效考核标准，本书采用 2020 年各实验室统计表中科研奖励汇总表中国家级一等奖、国家级二等奖、省级一等奖、省级二等奖、省级三等奖按照 25：15：5：3：1 的比例折合。

4. 成果转化与对外服务

成果转化与对外服务指在解决国家和省经济建设、社会发展的重大科技问题中具有创新思想与方法，实现关键技术创新或系统集成，拥有自主知识产权，提供科学基础和技术储备；或在实验研究方面取得突破性进展。包括评估期内实验室的专利、专有技术合同转让情况、提供技术咨询和技术服务情况以及提供技术推广和技术培训情况三部分。本书采用 2020 年各实验室统计表内专利、专有技术合同转让汇总表中的合同合计总金额，技术咨询、技术服务合同汇总表中的合计合同总金额，技术推广表中的金额，将三部分数据的金额总和作为该项指标数据。

5. 人才培养

实验室是学科领域高水平科研人才的培养基地，具有良好的培养领军人才的条件和业绩，能够培养具有良好科学素质和科研能力的研究生。结合我国各省市重点实验室的实际情况，人才培养选取评估期内博士后出站人员和毕业博士、硕士为指标评估要点。本书采用各实验室 2020 年统计表中年内人才培养产出表，将当年出站博士、当年毕业博士、当年毕业硕士人次之和作为该指标数据。

四、创新效率测评方法

（一）测评模型设计思路

Farrell（1957）提出了数据包络的思想用于多指标输入多指标输出的变量相对有效性度量。经过运筹学家 Acherons 和 Cooper 等的推动，数据包络分析（Data Vnvelopment Analysis，DEA）的理论逐步完善，成为运筹学及综合评价的一个重要分支，并得到广泛应用。20 世纪末，随着人们对综合评价问题的深入研究和多种综合评价方法的融合研究，基于 DEA 的组合评价模型成为 DEA 理论及其应用研究的一个重要分支。

传统的 DEA 模型得到的评价结果经常会出现多个评价对象同时有效的现象。Andersen 和 Petersen（1993）提出的超效率 DEA 模型解决了这一问题。在超效率 DEA 模型中，评价单元将自己与其他决策单元的线性组合做比较从而使得所有的评价单元可以全排序。因此，超效率 DEA 评价模型被更好地应用于很多领域。超效率 DEA 评价模型的基本思想是：在评估某决策单元时，将其排除在决策单元的集合之外（见图 5-1）。

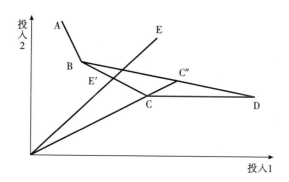

图 5-1 超效率 DEA 评价模型的基本思想

图 5-1 中 C 点处在有效生产前沿面，在 DEA 的 CCR 模型下 C 的效率值为

1。按照超效率模型的思路，在计算 C 点的 DMU 的效率值时，C 点排除在决策单元的参考集合之外，于是生产前沿面就由 AB—CD 变为了 ABD。对于在 DEA 模型中本来就是非 DEA 有效的决策单元 E，在超效率模型中其生产前沿面仍然是 ABCD，效率值与 DEA 模型中的一致。在超效率 DEA 模型中，对于非 DEA 有效的决策单元，其效率值与 DEA 模型中一致；而对于有效决策单元，计算出来的效率值可能大于 1。例如，效率值为 1.5，则表示该决策单元即使再等比例加大 50% 的投入，在所有决策单元集合中仍能保持相对有效。因此可以看出，超效率 DEA 可以根据效率值的大小实现完全排序。

Halme 等（1999）认为，在 DEA 或者超效率 DEA 模型中，对评价指标的权重都没有任何限制，这既是 DEA 评价方法的优点，同时也是它的一个缺点。因为指标的权重是模型中的求解对象，权重都是针对于评价对象需要得到最优评价值自动分配得到的，因此具有很强的客观性，这是 DEA 评价方法相对其他评价方法而言的独到之处。然而自动分配得到的权重可能与实际不符合，且不同的评价对象得到不同的指标权重，这样可能造成评价结果不可取。除此之外，在模型的计算过程中，这种自动分配的指标权重经常近似为零，这是与实际不符的。因此，一些权重限制条件被加入 DEA 评价过程中。查恩斯（Charnel）提出了具有偏好的 DEA-C2WH 模型，该模型通过调整输入输出指标权重锥比率的方法，可反映决策者的偏好。张茂琴等（2004）建立了基于 Campos 指数的模糊 DEA 模型。陈海涛（2010）提出带有因子约束锥的 DEA 模型。这些方法均可以体现不同指标重要性的不同，然而这些限制权重的方法主观性较强，破坏了 DEA 的客观性。

熵值赋权法是利用指标数值的差距来反映权重的大小，数值差距越大，所包含的信息熵越大，说明该指标在评价中所起的作用应越大，因此该指标的权重就越大；反之越小。因此，可利用信息熵与 DEA 进行结合，对指标权重进行调整。然而熵值法中权重的分配不具有柔性，易导致权重分配差别过大，且对指标数据的变化过于敏感。为了克服此缺陷，张海瑞等（2012）提出了反熵权法，梁昌勇等（2006）提出了可变熵模型。这些改进的熵权法确定，指标权重仍然是完全由客观的指标数据信息得到的，因而不改变 DEA 评价的客观性。因此，本书将反熵赋权法加入超效率 DEA 模型中，构建带有反熵权重约束锥的超效率 DEA 评价模型，此模型既能够更加真实客观地反映出评价指标之间的权重关系，又能实现对所有评价对象进行全排序，具有比单纯使用 DEA 评价更高的理论意义和实用价值。

（二）带有反熵权重约束锥的超效率 DEA 测评模型

基于上述构建评估模型的基本思想，这里分两步构建带有反熵权重约束锥的超效率 DEA 评价模型。

1. 反信息熵确定权重限制条件

熵的概念源于系统热力学，后被引入信息论，用于表征系统的无序程度。设有 k 个评价对象，m 个评价指标，构成指标数据矩阵 $X = (x_{ij})_{k \times m}$，对于指标 j，其信息熵的表达式如下：

$$H_j(x) = -\sum_{i=1}^{k} p(x_{ij}) \ln p(x_{ij}) \tag{5-1}$$

式（5-1）中，x_{ij} 为第 j 个指标的第 i 个状态值，$p(x_{ij})$ 为 x_{ij} 出现的概率，且满足 $0 \le p(x_{ij}) \le 1$，$\sum_{i=1}^{k} p(x_{ij}) = 1$。

文献提出了两种反信息熵，并且证明了两种反信息熵对指标数据的敏感度均有所缓和，且指标数据差距越大，反熵值均越大。因此，本书选择其中一种反信息熵来确定客观权重。具体计算公式如下：

$$H_j^*(x) = -\sum_{i=1}^{k} p(x_{ij}) \ln [1 - p(x_{ij})] \tag{5-2}$$

$$c_j = H_j^*(x) \Big/ \sum_{i=1}^{m} H_i^*(x) \tag{5-3}$$

其中，$H_j^*(x)$ 为第 j 个指标的反信息熵，c_j 为第 j 个指标的客观权重，进而得到客观权重向量 $C = (c_1, c_2, \cdots, c_m)$。

2. 构建反熵权重约束锥的超效率 DEA 评价模型

最早提出的 DEA 模型为 CCR 模型，其规模不变性使得利用该模型进行相对效率测评的同时还可进行投入冗余与产出不足分析。因此，这里讨论基于 CCR 模型改进的超效率 DEA 模型。对于第 j_0 个评价对象，可建立投入型的超效率 CCR 模型如下：

$$\max \quad \theta = u^T Y_{j_0}$$

$$\text{s. t.} \begin{cases} v^T X_j - u^T Y_j \geq 0, \ j = 1, \ 2, \ \cdots, \ m, \ j \neq j_0 \\ v^T X_{j_0} = 1 \\ u \geq 0, \ v \geq 0 \end{cases} \quad (5-4)$$

式中，$X_j = (x_{1j}, \ x_{2j}, \ \cdots, \ x_{pj})^T$ 和 $Y_j = (y_{1j}, \ y_{2j}, \ \cdots, \ y_{qj})^T$ 分别是第 j 个决策单元的输入、输出指标数据。u 为输出指标权重向量，v 为输入指标权重向量。

引入上述反熵法，分别计算输入指标的客观权重 $\pi = (\pi_1, \ \pi_2, \ \cdots, \ \pi_p)$ 和输出指标的客观组合权重 $\tau = (\tau_1, \ \tau_2, \ \cdots, \ \tau_q)$，将其与 CCR 模型中的输入、输出指标权重 v 和 u 分别做乘积，从而构造出如下的反熵权重约束锥式（5-5）。

$$\begin{cases} u \, \tau^T \geq 0, \ u \geq 0 \\ v \, \pi^T \geq 0, \ v \geq 0 \end{cases} \quad (5-5)$$

将其作为限制条件加入模型式（5-4），得到具有反熵权重限制的超效率 CCR 模型式（4-6）。

$$\max \quad \theta = u^T Y_{j_0}$$

$$\text{s. t.} \begin{cases} v^T X_j - u^T Y_j \geq 0, \ j = 1, \ 2, \ \cdots, \ m, \ j \neq j_0 \\ v^T X_{j_0} = 1 \\ u \, \tau^T \geq 0 \\ v \, \pi^T \geq 0 \\ u \geq 0, \ v \geq 0 \end{cases} \quad (5-6)$$

对式（5-6）进行规划求解，其最优解就是第 j_0 个决策单元相对于其他决策单元的效率评价结果。

第二节 创新效率测评实例

由于本书的实验室绩效评估是以 2019 年投入为基准，因此这里以 2019 年实验室数量和所属学科为基准。2019 年，河北省省级以上重点实验室共 195 家，从所属学科来看，这 195 家重点实验室分布在生命科学、工程科学、材料科学、地球科学等八大领域。其中，生命科学领域最多，有 80 家，占重点实验室总数的 41.03%；工程科学领域 47 家，占 24.10%；材料科学 21 家，占 10.77%；其他学科领域共占比 25.1%。可以看出，河北省的重点实验室学科分类比较集中，占比最大的为生命科学领域，因此，这里以生命科学领域为实证对象，采用上述带有反熵权重约束锥的超效率 DEA 综合评价模型进行投入产出创新效率测评。

一、投入产出指标数据

2019 年，河北省省级以上生命科学领域重点实验室共有 80 家，包括人口与健康专业和农业与生物专业。具体的实验室名称此处不列出，仅用实验室代码表示，但数据为 2019~2020 年度河北省科技创新平台年报统计表真实数据。

按照上述数据采集说明，将生命科学领域的省级以上重点实验室 2019 年投入数据和 2020 年产出数据整理如表 5-2 和表 5-3 所示。

表 5-2 2019 年生命科学领域省级重点实验室投入指标数据

实验室代码	研发投入（万元）	队伍建设（人）	科研用房（平方米）	仪器设备（万元）
实验室 1	8892	107	3700	5219
实验室 2	28770	111	23500	5725
实验室 3	7595	103	26700	15375

实验室代码	研发投入（万元）	队伍建设（人）	科研用房（平方米）	仪器设备（万元）
实验室 4	412	29	3300	1830
实验室 5	4422	47	2880	2992
实验室 6	314.5	49	4200	1235
实验室 7	1291	31	6400	5852
实验室 8	830	40	2900	2553
实验室 9	1989	52	3400	5569
实验室 10	3750	55	7902	6063
实验室 11	595	7	3900	6822
实验室 12	7595	103	26700	15375
实验室 13	538	40	1700	1212
实验室 14	1603	32	2795	6093
实验室 15	691	54	6000	3262
实验室 16	1372	35	4465	6599
实验室 17	527	45	1180	1700
实验室 18	920	42	2200	1910
实验室 19	389	24	2290	2109
实验室 20	654	60	1600	3567
实验室 21	478	41	1975	1025
实验室 22	827	37	3950	1000
实验室 23	541	51	1100	421
实验室 24	10	33	1675	1115
实验室 25	560	25	3157	1731
实验室 26	251	46	1424	3176
实验室 27	1482	72	3000	5215
实验室 28	1018	48	3802	5535
实验室 29	110	41	2686	2984
实验室 30	5730	34	2230	1335
实验室 31	644	51	1200	1999
实验室 32	615	28	1540	1275
实验室 33	284	44	2890	607
实验室 34	3928	31	5000	1761

实验室代码	研发投入（万元）	队伍建设（人）	科研用房（平方米）	仪器设备（万元）
实验室 35	2302	47	11490	1639
实验室 36	845	1	2447	3500
实验室 37	3078	35	2200	5936
实验室 38	411	30	7000	1509
实验室 39	344	30	1600	1329
实验室 40	347	31	1252	21415
实验室 41	2140	44	4282	4992
实验室 42	905	51	1200	1714
实验室 43	175	51	2925	2921
实验室 44	273	31	1500	2050
实验室 45	1100	36	1580	1300
实验室 46	708.5	31	2000	2063
实验室 47	520	45	1500	1945
实验室 48	257	32	1450	1000
实验室 49	520	36	1200	8771
实验室 50	712	37	1100	2024
实验室 51	1090	42	2000	1500
实验室 52	397	35	8900	2283
实验室 53	1398	33	8300	8544
实验室 54	3486	44	4000	4161
实验室 55	1197	41	2100	6340
实验室 56	2663	51	3450	7238
实验室 57	736	33	2400	876
实验室 58	786	35	2410	1819
实验室 59	410	38	2160	1798
实验室 60	2432	28	850	1143
实验室 61	1299	35	3150	1315
实验室 62	3325	73	3000	2631
实验室 63	1448	41	5270	5645
实验室 64	1725	40	6400	1751
实验室 65	5398	65	5340	2334

续表

实验室代码	研发投入（万元）	队伍建设（人）	科研用房（平方米）	仪器设备（万元）
实验室 66	1635	39	8500	2363
实验室 67	1929	36	3070	2870
实验室 68	10	7	1970	1727
实验室 69	898	39	2078	2927
实验室 70	182	32	1100	2089
实验室 71	524	56	1100	2564
实验室 72	1537	42	2500	3508
实验室 73	96	42	1598	1717
实验室 74	2342	36	1650	2118
实验室 75	412	30	1051	2988
实验室 76	247	42	2411	1246
实验室 77	20	40	11017	1001
实验室 78	2680	40	2300	833
实验室 79	1554	32	2000	2080
实验室 80	2500	82	11000	18000

表5-3　2020年生命科学领域省级重点实验室产出指标数据

实验室代码	论文专著（篇）	知识产权（项）	成果转化对外服务（万元）	人才培养（人）	科研奖励（项）
实验室 1	21	0	0	0	0
实验室 2	12	10	19800	0	15
实验室 3	29	22	0	2	0
实验室 4	81	0	0	0	0
实验室 5	110	2	0	25	6
实验室 6	70	0	0	56	0
实验室 7	60	1	0	15	5
实验室 8	78	1	509	20	0
实验室 9	810	0	0	23	17
实验室 10	13	0	0	0	0
实验室 11	51	1	42	15	5

续表

实验室代码	论文专著 （篇）	知识产权 （项）	成果转化对外 服务（万元）	人才培养 （人）	科研奖励 （项）
实验室 12	29	22	0	2	0
实验室 13	146	0	0	18	0
实验室 14	201	5	8	12	1
实验室 15	177	0	0	44	0
实验室 16	246	33	0	50	8
实验室 17	25	0	0	17	1
实验室 18	241	3	9.6	48	0
实验室 19	54	1	0	19	1
实验室 20	116	2	0	46	0
实验室 21	18	0	0	4	0
实验室 22	48	0	0	0	3
实验室 23	81	1	532	0	0
实验室 24	26	0	0	8	0
实验室 25	115	0	1500	0	3
实验室 26	158	0	3	3	0
实验室 27	265	1	0	43	1
实验室 28	128	0	0	37	0
实验室 29	53	0	0	12	0
实验室 30	114	0	0	11	2
实验室 31	195	0	0.1	0	0
实验室 32	193	0	0	55	1
实验室 33	125	0	0	10	3
实验室 34	2	5	48	0	0
实验室 35	12	15	0	0	0
实验室 36	0	8	0	1	0
实验室 37	46	0	16	2	0
实验室 38	143	1	20	49	0
实验室 39	6	3	0	11	0
实验室 40	126	1	1107	6	0
实验室 41	225	0	0	33	0

续表

实验室代码	论文专著（篇）	知识产权（项）	成果转化对外服务（万元）	人才培养（人）	科研奖励（项）
实验室 42	22	3	0.15	0	3
实验室 43	33	0	0	3	0
实验室 44	265	1	0	23	16
实验室 45	46	0	0	20	5
实验室 46	50	1	2	22	3
实验室 47	52	0	0	3	0
实验室 48	11	0	0	2	0
实验室 49	59	6	0	5	0
实验室 50	18	0	0	0	0
实验室 51	8	0	0	3	0
实验室 52	22	0	23	0	0
实验室 53	75	2	0	41	6
实验室 54	448	3	7	53	10
实验室 55	191	3	0	74	1
实验室 56	344	2	1328	71	1
实验室 57	51	8	0	23	0
实验室 58	68	2	0	17	0
实验室 59	90	0	0	45	3
实验室 60	0	1	0	0	0
实验室 61	93	0	14	0	0
实验室 62	84	19	612	0	24
实验室 63	257	0	17	28	13
实验室 64	109	24	40	9	0
实验室 65	56	24	315	0	0
实验室 66	51	38	331	1	1
实验室 67	133	3	0	23	3
实验室 68	128	11	51	55	3
实验室 69	52	6	257	17	3
实验室 70	0	0	30	0	0
实验室 71	21	2	0	7	0

续表

实验室代码	论文专著 （篇）	知识产权 （项）	成果转化对外 服务（万元）	人才培养 （人）	科研奖励 （项）
实验室 72	175	22	1039	14	6
实验室 73	4	8	0	0	0
实验室 74	107	2	149	0	0
实验室 75	14	2	113	9	3
实验室 76	25	15	1	0	0
实验室 77	3	3	0	0	1
实验室 78	25	3	206	0	0
实验室 79	22	11	50	0	5
实验室 80	280	23	32	80	14

二、创新效率测评分析

　　首先，根据反熵信息式（5-2）和式（5-3）分别计算投入指标和产出指标的权重向量分别为（0.47，0.11，0.23，0.19）和（0.03，0.05，0.83，0.03，0.06）。其次，将其做成比例锥（2.5）代入超效率 CCR 模型中计算各实验室的投入产出创新效率值。带约束锥的超效率 CCR 模型的计算可以借助DEAems1.3 软件，采用规模不变的投入导向超效率 CCR 模型，按效率评价结果如表 5-4 所示。

表 5-4　生命科学领域省级重点实验室创新效率评价结果

序号	实验室代码	评价结果（%）
1	实验室 68	3217.54
2	实验室 36	509.09
3	实验室 44	412.85
4	实验室 2	397.58
5	实验室 25	298.55
6	实验室 40	195.73

续表

序号	实验室代码	评价结果（%）
7	实验室62	176.54
8	实验室9	168.24
9	实验室72	166.28
10	实验室23	165.74
11	实验室32	150.22
12	实验室66	148.82
13	实验室11	143.03
14	实验室33	137.61
15	实验室76	132.36
16	实验室6	120.14
17	实验室16	111.57
18	实验室64	109.89
19	实验室56	109.66
20	实验室57	106.39
21	实验室55	104.25
22	实验室18	93.45
23	实验室65	85.29
24	实验室73	84.24
25	实验室38	84.18
26	实验室20	83.88
27	实验室54	82.21
28	实验室13	76.97
29	实验室79	75.60
30	实验室59	74.31
31	实验室31	70.38
32	实验室45	70.38
33	实验室49	66.24
34	实验室26	64.20
35	实验室63	62.08
36	实验室35	56.93
37	实验室27	56.55

续表

序号	实验室代码	评价结果（%）
38	实验室 75	54.64
39	实验室 30	53.55
40	实验室 8	52.84
41	实验室 69	51.29
42	实验室 14	49.01
43	实验室 77	48.48
44	实验室 15	45.55
45	实验室 61	43.95
46	实验室 17	43.56
47	实验室 74	42.89
48	实验室 80	40.50
49	实验室 42	39.71
50	实验室 46	39.44
51	实验室 5	38.94
52	实验室 67	38.86
53	实验室 78	38.24
54	实验室 22	38.20
55	实验室 41	37.15
56	实验室 53	35.48
57	实验室 39	32.03
58	实验室 4	31.99
59	实验室 58	31.90
60	实验室 28	31.00
61	实验室 24	30.88
62	实验室 7	30.40
63	实验室 71	28.56
64	实验室 19	27.28
65	实验室 29	22.52
66	实验室 34	20.74
67	实验室 47	19.08
68	实验室 3	16.97

续表

序号	实验室代码	评价结果（%）
69	实验室 12	16.97
70	实验室 60	13.63
71	实验室 43	11.58
72	实验室 21	10.84
73	实验室 37	9.75
74	实验室 48	8.08
75	实验室 52	7.94
76	实验室 50	6.87
77	实验室 70	5.99
78	实验室 51	4.62
79	实验室 1	2.72
80	实验室 10	1.51

由测评结果可以看出，2019 年这 80 个生命科学领域重点实验室中有 21 个实验室的评价结果大于 100%，处于相对有效状态，占比约为 25%，为创新效率测评结果优秀状态。其余 59 个实验室的评价结果均小于 100%，处于相对无效状态，占比约 75%，其中 20 个实验室的测评结果介于 100%～50%，为评价结果良好状态，其余 39 个实验室的测评结果为合格状态。

三、投入冗余和产出不足分析

对于测评结果大于等于 1 的 21 个实验室，已经达到最优投入产出效果，因此不存在投入的冗余与产出的不足，针对 59 个测评结果小于 1 的重点实验室，基于 DEAems1.3 软件分别计算每个实验室的投入指标冗余量（见表 5-5）和产出指标不足量（见表 5-6），表 5-5 表明了产出规模不变的情况下投入指标可以缩减的百分比，表 5-6 则表明了资源投入不变的情况下产出指标可以增加的数量值，从而为各实验室创新效率的提升指明了具体的方向。

表5-5　59个重点实验室投入冗余量　　　　　单位:%

实验室代码	研发投入	队伍建设	科研用房	仪器设备
实验室18	15.01	0.00	0.00	0.00
实验室65	67.19	19.98	0.00	0.00
实验室73	0.00	47.79	0.00	31.44
实验室38	0.00	16.00	59.61	0.00
实验室20	0.00	47.13	0.00	17.62
实验室54	54.18	0.00	13.27	0.00
实验室13	0.00	18.30	0.00	0.00
实验室79	13.13	0.00	0.00	0.00
实验室59	0.00	23.13	0.00	0.00
实验室31	0.00	44.00	0.00	2.44
实验室45	49.62	26.17	18.82	0.00
实验室49	0.00	37.92	0.00	54.86
实验室26	0.00	24.22	0.00	24.06
实验室63	42.58	0.00	8.84	0.00
实验室35	28.90	24.17	27.73	0.00
实验室27	8.59	19.60	0.00	20.76
实验室75	20.08	25.77	0.00	0.00
实验室30	48.46	0.00	1.64	0.00
实验室8	0.00	25.00	0.00	0.00
实验室69	10.91	21.87	0.00	0.00
实验室14	11.84	0.00	0.00	14.63
实验室77	0.00	41.58	43.46	0.00
实验室15	0.00	0.00	13.28	0.00
实验室61	25.28	0.00	11.55	0.00
实验室17	7.35	22.42	0.00	16.42
实验室74	26.42	0.89	0.00	0.00
实验室80	21.83	0.00	0.00	13.31
实验室42	0.00	20.31	0.00	7.27
实验室46	12.35	0.00	0.00	1.28
实验室5	0.00	4.91	0.00	0.00
实验室67	22.33	0.00	0.00	0.00
实验室78	26.36	0.20	0.00	0.00
实验室22	30.11	22.11	30.98	0.00

续表

实验室代码	研发投入	队伍建设	科研用房	仪器设备
实验室 41	15.63	0.00	0.05	0.00
实验室 53	21.35	0.00	6.72	0.00
实验室 39	24.31	20.30	0.00	0.00
实验室 4	0.00	0.00	16.39	0.00
实验室 58	6.03	0.00	0.00	0.00
实验室 28	0.59	0.00	0.00	12.13
实验室 24	0.00	26.36	7.63	0.00
实验室 7	18.04	0.00	11.28	0.00
实验室 71	19.02	24.70	0.00	16.18
实验室 19	0.00	0.96	0.00	1.21
实验室 29	0.00	12.15	0.00	2.74
实验室 34	15.30	0.00	0.00	0.00
实验室 47	0.00	7.93	0.00	0.00
实验室 3	11.76	0.00	0.72	0.00
实验室 12	11.76	0.00	0.72	0.00
实验室 60	10.86	6.68	0.00	0.00
实验室 43	0.00	5.76	0.40	0.00
实验室 21	0.00	2.15	0.00	0.00
实验室 37	5.76	0.00	0.00	0.97
实验室 48	0.00	2.41	0.00	0.00
实验室 52	0.00	0.00	6.05	0.00
实验室 50	0.66	3.76	0.00	0.75
实验室 70	0.00	4.19	0.00	0.00
实验室 51	1.64	0.83	0.00	0.00
实验室 1	2.08	0.76	0.00	0.00
实验室 10	0.68	0.00	0.77	0.00

表 5-6　投入指标冗余分析　　　　单位:%

	研发投入	队伍建设	科研用房	仪器设备
冗余总值占比	19.07	10.96	7.68	6.21
冗余个数占比	59.32	62.71	33.90	28.81

（一）投入冗余分析

结合实验室投入指标原始数据与投入冗余计算结果，分别将实验室各投入指标的冗余之和占总投入之比，与发生投入冗余的实验室个数占比分析（见表5-6）可以看出，在研发投入方面有35个实验室存在投入冗余现象，占实验室总数的59.32%，投入冗余总金额占到研发投入总数的19.07%，说明投入到实验室的研发资金有近1/5没有发挥其创新效果，需要加强实验室研发资金方面的监管；在队伍建设方面有37个实验室存在投入冗余现象，占实验室总数的62.71%，投入冗余总人数占到队伍建设总人数的10.96%，这表明在大部分创新效率未达到优秀的实验室中都存在人员投入的冗余，但是整体科研人员人数冗余并不是很明显，因此，需要甄选出人员投入冗余较多的实验室来加强人力资源管理；其他两个投入指标存在投入冗余的实验室也占到1/3左右，但冗余总量占比均没有超过10%，因此科研用房和仪器设备这两个投入指标总体来说利用率较高。综上可以看出，在投入冗余方面，59个创新效率未达到优秀的实验室投入冗余主要集中在研发投入和队伍建设上，因此河北省省级以上生命科学领域的重点实验室建设在投入方面可以着重从避免研发投入浪费和提高科研人员创新效率两方面入手。

（二）产出不足分析

结合实验室产出指标原始数据与产出不足计算结果（见表5-7），分别将实验室各产出指标的产出不足之和占总产出之比，与发生产出不足的实验室个数占比分析（见表5-8）可以看出，在论文专著方面有24个实验室存在产出不足现象，占实验室总数的40.68%，产出不足总篇数占到论文专著总产出的20.36%；知识产权方面有38个实验室存在产出不足，占实验室总数的50.85%，产出不足总项数占到论文专著总产出的22.52%；成果转化与对外服务方面有38个实验室存在产出不足，占实验室总数的64.41%，其产出不足总金额仅占到总产出的99.03%；在人才培养方面有29个实验室存在产出不足现象，占实验室总数的49.15%，产出不足总人数占到人才培养总人数的31%；

在科研奖励方面，有 41 个实验室存在产出不足现象，占实验室总数的 69.49%，产出不足总项数占到科研奖励总数的 78.45%。综上可以看出，在产出不足方面，59 个创新效率测评未达优秀的实验室产出不足比较突出地表现在成果转化对外服务和科研奖励上，尤其是成果转化和对外服务方面，这也是重点实验室建设与区域产业经济发展的重要枢纽。因此，河北省生命科学领域的重点实验室建设在产出方面应该以提高成果转化率和对外服务输出为工作重点，促进产学研和服务地方经济发展，避免实验室研究成果与产业需求脱节，同时争取获得更高的国家级和省级科研奖励。

表 5-7　59 个重点实验室产出不足分析

实验室代码	论文专著	知识产权	成果转化对外服务	人才培养	科研奖励
实验室 18	0.00	0.00	170.45	0.00	2.74
实验室 65	0.00	0.00	0.00	2.36	1.24
实验室 73	42	0.00	15.37	16.38	0.89
实验室 38	0.00	2.25	0.00	0.00	1.41
实验室 20	19.85	0.00	5.5	0.00	0.96
实验室 54	0.00	1.37	12.49	0.00	0.00
实验室 13	0.00	0.07	36.52	0.00	2.23
实验室 79	48.71	0.00	376.61	5.25	0.00
实验室 59	61.13	3.47	15.57	0.00	0.00
实验室 31	0.00	0.07	0.00	6.58	4.79
实验室 45	79.02	0.3	0.00	0.00	0.00
实验室 49	0.00	0.00	227.36	4.74	1.77
实验室 26	0.00	0.76	0.00	11.36	9.45
实验室 63	0.00	7.42	20.47	22.42	0.00
实验室 35	8.13	0.00	130.54	0.39	0.39
实验室 27	0.00	0.00	4.62	0.00	2.69
实验室 75	51.05	0.00	0.00	0.00	0.00
实验室 30	0	0	0.00	0.00	0.11
实验室 8	0.00	2	0.00	0.00	1.62

实验室代码	论文专著	知识产权	成果转化对外服务	人才培养	科研奖励
实验室 69	28.71	0.00	0.00	0.00	0.00
实验室 14	0.00	0.00	0.00	1.28	3.63
实验室 77	33.79	0.00	12.93	14.33	0.00
实验室 15	0.00	3.93	17.39	0.00	4.52
实验室 61	0.00	0.01	0.00	4.31	2.06
实验室 17	42.83	0.04	0.00	0.00	0.00
实验室 74	0.00	0.00	0.00	4.36	2.21
实验室 80	84.13	0.00	37.38	17.69	0.00
实验室 42	11.56	0.00	119.13	2.32	0.00
实验室 46	49.67	0.18	2.75	0.00	0.00
实验室 5	25.25	0.25	8.86	0.00	0.00
实验室 67	0.00	0.00	23.28	0.00	0.00
实验室 78	0.00	0.00	0.00	0.31	0.2
实验室 22	0.00	0.28	3.29	4.13	0.00
实验室 41	0.00	4.1	18.93	0.00	4.38
实验室 53	64.07	5.05	40.43	0.00	0.00
实验室 39	21.96	0.00	19.75	0.00	0.65
实验室 4	0.00	0.18	0.00	5.3	3.55
实验室 58	0.00	0.00	51.67	0.00	0.78
实验室 28	0.00	2.44	11.25	0.00	1.4
实验室 24	0.00	2.14	9.88	2.79	0.65
实验室 7	28.04	0.83	13.12	0.00	0.00
实验室 71	0.00	0.00	38.6	0.00	0.55
实验室 19	4.7	0.97	9	0.00	0.00
实验室 29	0.00	2.77	12.43	3.34	2.04
实验室 34	7.84	0.00	8.41	0.39	0.23
实验室 47	0.00	0.08	0.00	0.00	1.88
实验室 3	135.23	0.00	138.01	63.66	3.8
实验室 12	135.23	0.00	138.01	63.66	3.8
实验室 60	7.66	0.00	44.98	0.61	0.26
实验室 43	0.00	1.31	5.72	4.81	1.46

续表

实验室代码	论文专著	知识产权	成果转化对外服务	人才培养	科研奖励
实验室 21	0.00	0.00	0.00	0.00	0.21
实验室 37	0.00	0.02	0.00	0.00	0.89
实验室 48	0.00	0.1	0.4	0.00	0.35
实验室 52	0.00	0.07	0.00	1.69	1.21
实验室 50	0.00	0.00	0.00	0.51	0.38
实验室 70	2.95	0.05	0.00	0.24	0.06
实验室 51	2.12	0.00	0.00	0.00	0.05
实验室 1	0.00	0.02	8.82	0.56	0.41
实验室 10	0.00	0.03	0.14	0.51	0.27

表 5-8 产出指标不足分析

单位:%

	论文专著	知识产权	成果转化对外服务	人才培养	科研奖励
不足总值占比	20.36	22.52	99.03	31.00	78.45
不足个数占比	40.68	50.85	64.41	49.15	69.49

第三节 创新效率影响因素分析

一、影响因素

实验室的创新效率除了从投入产出的角度考察之外，还受到实验室的工作管理体系、对外开放交流和高水平人才支撑等因素的影响。通过对已有文献的梳理和对实验室创新效率的特征分析，确定实验室创新效率的影响因素从内部投入和外部支撑两个方面考虑。其中内部投入采用上述效率测评指标体系中的四个投入指标，外部支撑选择工作管理体系、对外开放交流和高水平人才支撑三个要素。内部投入的指标数据说明如前所述，这里不再赘述，外部支撑三个指标数据说明如表5-9所示。

表5-9　2019年生命科学领域省级重点实验室外部支撑影响因素数据

实验室代码	工作管理体系（个）	对外开放交流（次）	高层次人才（人）
实验室 1	5	0	0
实验室 2	8	2	70
实验室 3	9	3	16
实验室 4	0	5	9
实验室 5	5	5	16
实验室 6	6	2	4
实验室 7	5	1	30
实验室 8	7	0	6
实验室 9	5	8	9
实验室 10	7	0	14
实验室 11	19	10	23
实验室 12	9	3	16
实验室 13	0	36	22
实验室 14	6	2	20
实验室 15	13	1	11
实验室 16	13	1	65
实验室 17	6	3	0
实验室 18	0	0	3
实验室 19	6	1	3
实验室 20	3	33	11
实验室 21	4	1	12
实验室 22	4	4	5
实验室 23	3	8	37
实验室 24	1	0	2
实验室 25	2	3	8
实验室 26	14	3	22
实验室 27	5	1	19

续表

实验室代码	工作管理体系（个）	对外开放交流（次）	高层次人才（人）
实验室 28	6	23	8
实验室 29	2	0	2
实验室 30	5	0	23
实验室 31	4	7	25
实验室 32	5	3	2
实验室 33	10	11	9
实验室 34	7	1	2
实验室 35	6	1	15
实验室 36	3	0	1
实验室 37	4	2	1
实验室 38	3	0	16
实验室 39	2	0	5
实验室 40	3	0	20
实验室 41	5	12	9
实验室 42	5	10	9
实验室 43	4	1	5
实验室 44	4	10	5
实验室 45	6	2	2
实验室 46	6	1	10
实验室 47	13	3	15
实验室 48	5	3	1
实验室 49	3	0	0
实验室 50	4	3	7
实验室 51	4	0	6
实验室 52	4	2	5
实验室 53	6	2	35
实验室 54	6	2	22
实验室 55	6	1	46
实验室 56	9	3	28
实验室 57	10	0	10
实验室 58	13	0	4

续表

实验室代码	工作管理体系（个）	对外开放交流（次）	高层次人才（人）
实验室 59	0	3	14
实验室 60	4	2	12
实验室 61	6	0	13
实验室 62	7	12	40
实验室 63	5	3	13
实验室 64	5	0	15
实验室 65	13	10	23
实验室 66	8	5	13
实验室 67	5	3	21
实验室 68	4	0	11
实验室 69	6	5	15
实验室 70	5	0	17
实验室 71	5	1	1
实验室 72	4	17	19
实验室 73	4	0	14
实验室 74	4	0	16
实验室 75	4	0	8
实验室 76	6	0	15
实验室 77	4	2	16
实验室 78	13	1	38
实验室 79	8	3	6
实验室 80	1	6	44

（一）工作管理体系

根据《河北省重点实验室评估指标体系及评估要点》（2018 年版），实验室的工作体系包括实验室内设机构，联合培养人才的学科站点，检验检测机构，实验室与外单位联合建立科研试验基地、中试基地及伙伴实验室。根据统计表中的可得数据，这里采用统计表中平台内设机构数量、检验检测机构数量、中试生产线数量之和作为实验室工作管理体系的量化数据。

（二）对外开放交流

重点实验室坚持开展高水平、高层次和实质性的学术交流与合作，围绕主要研究方向定期发布开放课题，取得高质量的开放研究成果，并鼓励实验室人员在国际、国家级学术组织中担任重要职务，承办国际性、全国性学术会议，这些都对实验室的创新效率有直接的影响。考虑到开放性课题发布及相关科学普及活动大多在国际性和全国性学术会议中实现，这里采用学术会议汇总表中的合计次数作为该指标数据。

（三）高层次人才支撑

实验室的高层次人才能够为实验室提供不竭的动力，因此，这里考虑具有国家级称号和省级称号的高层次人才对实验室创新效率的影响，采用实验室统计报表高层次人才汇总表中各类国家级称号人才之和与省级称号人才数量按照 5∶1 的比例折合作为人力资源优势数量指标。

二、分析方法

与传统计量经济学方法相比，灰色关联分析法更适用于样本量较小和数据具有模糊与灰色等不确定属性的情况。考虑到重点实验室样本量和样本数据的实际情况，本书采用灰色关联法进行影响因素分析。

关联度是指因素之间关联性大小的量度，它可以定量地描述因素之间相互变化的情况。灰色关联度分析的实质就是比较若干数列所构成的曲线列与理想数列所构成的曲线几何上的接近程度，几何形状越接近，其关联度越大；相反则越小。利用灰色关联度分析可以反映各评价对象对理想对象的接近次序，即可得到评价对象的影响程度。它的具体评价步骤如下：

（一）确定最优指标集 F^*

设有 n 个评价指标，m 个评价对象。记 $F^* = [j_1^*, j_2^*, \cdots, j_n^*]$ 为最优指标集，$j_k^*(k=1, 2, \cdots, n)$ 为第 k 个指标的最优值。此最优值可以是诸方案中的最优值（可根据实际情况取各方案中的最大值或最小值），也可以是评估者公认的最优值。在本书中，取各实验室的创新效率评价结果为最优指标集。

构造矩阵 D：

$$D = \begin{pmatrix} j_1^* & j_2^* & \cdots & j_n^* \\ j_1^{\cdot 1} & j_2^{\cdot 1} & \cdots & j_n^{\cdot 1} \\ \vdots & \vdots & \vdots & \vdots \\ j_1^{\cdot m} & j_2^{\cdot m} & \cdots & j_n^{\cdot m} \end{pmatrix}. \tag{5-7}$$

式中，j_k^i 为第 i 个评价对象在第 k 个指标上的原始数值。

（二）指标值的规范化处理

当评价指标具有不同的量纲和数量级时，需要对原始指标值进行规范处理。

设第 k 个指标的变化区间为 $[j_{k1}, j_{k2}]$，j_{k1} 为第 k 个指标在所有评价对象处的最小值，j_{k2} 为第 k 个指标在所有评价对象处的最大值，可用式（5-8）将式（5-7）中的原始数值变换成无量纲的数值 $C_k^i \in (0, 1)$。

$$C_k^i = \frac{j_k^i - j_{k1}}{j_{k2} - j_k^i}, \quad i = 1, 2, \cdots, m, \quad k = 1, 2, \cdots, n \tag{5-8}$$

这样就将矩阵 D 变换为矩阵 C：

$$C = \begin{pmatrix} C_1^* & C_2^* & \cdots & C_n^* \\ C_1^1 & C_2^1 & \cdots & C_n^1 \\ \vdots & \vdots & \vdots & \vdots \\ C_1^m & C_2^m & \cdots & C_n^m \end{pmatrix}. \tag{5-9}$$

（三）计算影响结果

根据灰色系统理论，将 $C^* = [C_1^*, C_2^*, \cdots, C_n^*]$ 作为参考数列，将 $\{C_k^i\} = [C_1^i, C_2^i, \cdots, C_n^i]$ 作为被比较数列，计算第 i 个评价对象第 k 个指标与第 k 个最优指标的关联系数 $\xi_i(k)$：

$$\xi_i(k) = \frac{\min\limits_i \min\limits_k |C_k^* - C_k^i| + \rho \max\limits_i \max\limits_k |C_k^* - C_k^i|}{|C_k^* - C_k^i| + \rho \max\limits_i \max\limits_k |C_k^* - C_k^i|} \tag{5-10}$$

式中，$\rho \in (0, 1)$，一般取 $\rho = 0.5$。由此可得到各指标的相对关联度矩阵 E：

$$E = \begin{pmatrix} \xi_1(1) & \xi_1(2) & \cdots & \xi_1(n) \\ \xi_2(1) & \xi_2(2) & \cdots & \xi_2(n) \\ \vdots & \vdots & \vdots & \vdots \\ \xi_m(1) & \xi_m(2) & \cdots & \xi_m(n) \end{pmatrix}. \tag{5-11}$$

设 n 个指标的权重分配向量为 $W = [w_1 w_2, \cdots, w_n]^T$，则得到综合关联结果 R 为：

$$R = E \times W = [r_1, r_2, \cdots, r_m] \tag{5-12}$$

根据 r_i 的大小排序可以给出各指标的影响程度。

三、分析实例

本书采用上述灰色关联分析对生命科学领域省级以上重点实验室创新效率进行影响因素分析，得出各实验室的内部投入和外部支撑各影响因素与创新效率的关联结果，结果越接近 1 表示相关性越高。具体关联度结果如表 5-10 所示。

表 5-10　生命科学领域省级重点实验室影响因素关联度结果

实验室代码	研发投入	队伍建设	科研用房	仪器设备	对外开放交流	工作管理体系	高层次人才
实验室 1	0.73	0.85	0.94	0.91	1.00	0.94	1.00
实验室 2	0.52	0.95	0.85	0.88	0.83	0.87	0.91
实验室 3	0.77	0.86	0.68	0.77	0.96	0.90	0.94
实验室 4	1.00	0.97	0.96	0.98	0.93	0.98	0.98
实验室 5	0.99	0.95	0.97	0.96	0.93	0.96	0.95
实验室 6	0.94	0.99	1.00	0.95	0.96	1.00	0.95
实验室 7	0.97	0.97	0.91	0.91	1.00	0.96	0.88
实验室 8	1.00	0.97	0.98	0.98	0.97	0.95	1.00
实验室 9	0.98	0.98	0.96	0.99	0.96	0.96	0.94

续表

实验室代码	研发投入	队伍建设	科研用房	仪器设备	对外开放交流	工作管理体系	高层次人才
实验室 10	0.87	0.91	0.88	0.89	1.00	0.92	0.94
实验室 11	0.94	0.93	0.98	0.95	0.91	0.86	0.97
实验室 12	0.77	0.86	0.68	0.77	0.96	0.90	0.94
实验室 13	0.97	0.98	0.98	0.98	0.61	0.95	0.94
实验室 14	0.97	0.98	0.98	0.91	0.99	0.95	0.93
实验室 15	1.00	0.94	0.93	0.96	0.99	0.88	0.97
实验室 16	0.99	0.99	0.99	0.94	0.95	0.91	0.80
实验室 17	0.99	0.95	0.99	0.99	0.97	0.95	0.97
实验室 18	0.98	0.99	0.98	0.98	0.95	0.95	0.96
实验室 19	1.00	0.98	0.98	0.98	1.00	0.94	1.00
实验室 20	0.98	0.95	0.98	0.98	0.64	0.99	1.00
实验室 21	0.99	0.94	0.97	0.99	0.99	0.96	0.95
实验室 22	0.99	0.96	0.96	1.00	0.95	0.97	1.00
实验室 23	0.93	0.98	0.92	0.91	0.95	0.94	0.92
实验室 24	0.98	0.96	0.99	1.00	0.98	0.99	0.99
实验室 25	0.86	0.88	0.89	0.87	0.89	0.86	0.87
实验室 26	0.97	0.96	0.99	0.98	0.97	0.88	0.93
实验室 27	0.98	0.92	0.98	0.93	0.98	0.97	0.94
实验室 28	0.98	0.94	0.95	0.92	0.71	0.95	0.98
实验室 29	0.99	0.95	0.97	0.96	0.99	0.99	1.00
实验室 30	0.83	0.98	0.99	0.99	0.97	0.97	0.92
实验室 31	0.98	0.96	0.98	1.00	0.92	0.99	0.92
实验室 32	0.94	0.96	0.94	0.94	0.96	0.97	0.92
实验室 33	0.93	0.99	0.97	0.93	0.89	0.96	0.96
实验室 34	0.87	0.96	0.93	0.98	0.99	0.93	1.00
实验室 35	0.94	0.96	0.85	1.00	0.98	0.96	0.96
实验室 36	0.78	0.76	0.79	0.80	0.76	0.78	0.76
实验室 37	0.89	0.95	0.97	0.90	0.97	0.96	1.00
实验室 38	0.97	1.00	0.93	0.98	0.95	0.99	0.97
实验室 39	0.99	0.97	0.99	0.99	0.98	0.99	1.00
实验室 40	0.90	0.94	0.91	0.76	0.89	0.92	0.98

实验室代码	研发投入	队伍建设	科研用房	仪器设备	对外开放交流	工作管理体系	高层次人才
实验室 41	0.94	0.95	0.95	0.93	0.83	0.96	0.98
实验室 42	0.99	0.94	1.00	0.99	0.86	0.96	0.98
实验室 43	1.00	0.93	0.96	0.95	0.99	0.96	0.98
实验室 44	0.80	0.83	0.81	0.82	0.94	0.83	0.81
实验室 45	1.00	0.98	0.98	0.98	0.99	0.97	0.97
实验室 46	1.00	0.97	0.99	0.98	0.99	0.95	0.97
实验室 47	0.99	0.94	0.99	0.97	0.96	0.87	0.94
实验室 48	0.99	0.95	0.98	0.98	0.95	0.94	1.00
实验室 49	0.98	0.98	0.98	0.88	0.96	1.00	0.96
实验室 50	0.98	0.94	0.98	0.96	0.95	0.95	0.97
实验室 51	0.96	0.94	0.97	0.97	1.00	0.95	0.97
实验室 52	0.99	0.95	0.87	0.96	0.97	0.96	0.98
实验室 53	0.97	0.97	0.89	0.87	0.98	0.95	0.87
实验室 54	0.92	0.98	0.98	0.97	0.99	0.97	0.94
实验室 55	0.98	0.99	0.97	0.94	0.96	0.99	0.86
实验室 56	0.96	0.98	0.99	0.93	0.99	0.95	0.93
实验室 57	0.97	0.98	0.98	0.95	0.94	0.94	0.98
实验室 58	0.99	0.96	0.98	0.98	0.98	0.87	1.00
实验室 59	0.97	0.98	0.99	0.99	0.99	0.96	0.98
实验室 60	0.92	0.96	0.99	0.99	0.97	0.96	0.95
实验室 61	0.97	0.97	0.97	1.00	0.97	0.95	0.96
实验室 62	0.97	0.98	0.95	0.95	0.89	0.98	0.92
实验室 63	0.98	0.97	0.95	0.93	0.98	0.97	0.97
实验室 64	1.00	1.00	0.96	0.97	0.94	1.00	0.99
实验室 65	0.86	0.94	0.96	0.99	0.88	0.90	0.94
实验室 66	0.98	0.98	0.94	0.96	1.00	0.99	0.97
实验室 67	0.95	0.96	0.97	0.97	0.97	0.96	0.93
实验室 68	0.33	0.33	0.34	0.34	0.33	0.34	0.34
实验室 69	1.00	0.97	0.99	0.97	0.94	0.96	0.96
实验室 70	1.00	0.95	0.98	0.96	1.00	0.94	0.92
实验室 71	1.00	0.93	1.00	0.97	1.00	0.96	0.99

续表

实验室代码	研发投入	队伍建设	科研用房	仪器设备	对外开放交流	工作管理体系	高层次人才
实验室72	0.96	0.97	0.94	0.97	0.82	0.95	0.99
实验室73	0.95	0.98	0.98	0.98	0.95	1.00	0.98
实验室74	0.94	0.97	1.00	0.98	0.97	0.98	0.95
实验室75	0.98	0.98	0.99	0.97	0.97	0.98	0.99
实验室76	0.93	0.99	0.96	0.95	0.92	1.00	0.99
实验室77	0.97	0.96	0.86	0.99	0.99	0.98	0.95
实验室78	0.92	0.96	0.98	0.99	1.00	0.87	0.86
实验室79	0.98	0.99	0.99	1.00	0.99	0.95	0.98
实验室80	0.93	0.90	0.85	0.75	0.92	0.99	0.84
均值	**0.94**	**0.95**	**0.94**	**0.94**	**0.93**	**0.94**	**0.94**

从表5-10中可以看出，内部投入4个指标和外部支撑3个指标对每个实验室的影响程度不同，相对关联度为1的表示影响程度最大，关联度越小影响程度越小。因此，每个重点实验室可以根据自己的影响因素分析结果来找到自己需要强调和重视的方向。将每个指标的影响程度取均值，发现对于生命科学领域来说，内部投入和外部支撑的所有影响因素对实验室创新效率的影响程度都很高，均接近1，且相差不大。

第六章　河北省专利成果质量和转化前景分析

专利与技术创新程度紧密相关，它不仅是保护创新成果的重要载体，更是衡量创新发展的重要指标和构建各国各类创新指数的重要数据来源。近年来，随着全国各省市专利申请出现井喷现象，专利质量参差不齐，某种程度上出现了一些"专利泡沫""创新假象"。然而，在创新驱动高质量发展的背景下，盲目追求专利数量已无法在地区间的激烈竞争中立足。因此，提升专利质量水平更能全面提高地区综合创新能力，是培育创新新动能、推进地区经济高质量发展的重要驱动力。以高质量专利为代表的技术创新水平很大程度上反映了技术创新能力的强弱。因此，本书用针对河北省科技创新平台2020年授权的专利授权数据建立指标体系和方法，识别出高质量专利。

第一节　相关研究现状

一、相关概念

目前，国内外关于高质量专利并没有统一定义。相关定义主要是从专利自身的评价指标进行，例如，宋河发等（2010）从技术、法律、经济三个角度出发，认为高质量专利是指技术水平高、文本撰写质量高、市场价值大，并且能经得起诉讼的专利；徐明和陈亮（2018）认为，满足技术进步性、法律审查通过性、经济效益性的特定标准的专利就是高质量专利。除此之外，也有定义从专利权人的角度出发，例如，朱雪忠和万小丽（2009）认为，高质量专利是指有助于专利权人形成竞争优势的专利。在相近概念的区分上面，高质量专利不同于高价值专利，这是因为专利价值产生于包括技术研发、申请确权、技术扩散、技术渗透等各个环节，高价值专利比高质量专利的包含范围更小；高质量专利与核心专利也有所区别，通常认为核心专利是具有原创性并且蕴含巨大经济效益和战略意义的专利或专利组合。因此，高质量专利与核心专利两者存在交叉，但不可完全替代。

关于专利质量的研究主要集中于专利质量的影响因素及其评价方法。专利质量的影响因素方面，学者主要从不同角度出发，苑泽明等（2020）研究了媒体关注对企业专利质量的影响，蒋仁爱等（2020）研究了专利发明人合作对中国专利质量的影响；刘雪凤等（2020）研究了专利资助政策对中国专利质量的影响。专利质量的评价方法主要是从单维或多维指标出发，Lanjouw 和 Schankerman（2004）采用权利要求数量、专利的前后向引用数量和专利族的规模等指标建立专利质量综合指数；胡谍和王元地（2015）选择专利新颖性、创造性和实用性等指标，通过主成分分析法确定指标权重构建企业专利质量综合指数。

二、高质量专利评估指标体系

为了从大量专利数据中快速识别定位出高质量专利，需要确定高质量专利识别的定性或定量指标（见表6-1）。高质量专利评估指标体系一般包含法律、经济与技术三个维度。其中，法律维度主要包括表征专利权利稳定性和保护范围等特征的指标；经济维度主要包括表征专利经济效益和市场前景等特征的指标；技术维度主要包括表征专利技术创造性、先进性与实用性等特征的指标。除上述三个维度外，不同学者还对高质量专利评估指标体系的维度进行了补充。例如，许鑫等（2019）基于原有的法律、经济与技术维度的专利评价指标体系，补充了包含防御能力、进攻能力与影响力的战略维度，对上海市高质量专利及其对应的产业分布现状进行了实证分析。本书认为，高质量专利识别重点从法律、经济与技术三个维度考虑即可，过多维度或指标的加入将会遇到识别的数据的完整性和可获取性等问题。

表6-1 国内外高质量专利评价指标体系比较

机构	指标体系名称	评价原理	评价维度	评价指标	特色
美国知识产权咨询公司	专利记分牌	文献计量学分析	专利数量、特定技术领域专利数量成长的百分比、在各领域的专利分布率	行业、专利数量以及大学、政府机构、研究机构榜单	可区分机构与行业
美国 Ocean Tomo 公司	IPQ 报告	回归统计思想	保护范围、稳定性、商业关联性	宏观指标、专利自身指标、企业相关指标	专利交易与股票指数
丹麦专利商标局与哥本哈根商学院	IPScore	固态算法	法律、技术、市场、财务、战略	客观指标、主观指标、半主观指标、难以确定的指标	免费
思保环球	Innography	归纳法与演绎法相结合	专利自身以及应用领域判断	常规量化指标以及相关文献分散程度	允许用户自定义专利强度
北京合享智慧科技有限公司	合享价值度评估指标体系	概率分析等统计学方法	技术稳定性、技术先进性、保护范围	申请人信息、法律状态等20多个指标	人工智能检索以及专利DNA图谱比对

续表

机构	指标体系名称	评价原理	评价维度	评价指标	特色
智慧芽信息科技（苏州）有限公司	智慧芽专利评估指标体系	矩阵分析等统计学方法	市场吸引力、市场覆盖率、申请人信息、技术质量、法律信息	引用、被引用、专利维持时间等27个指标	智慧芽学院
广州恒成智道信息科技有限公司	ISPatent专利评估指标体系	文献计量学分析	综合、技术、权利、市场	PDF全文页数、独立权利要求数量、权利要求数量等指标	淘宝购物筛选模式

资料来源：笔者根据相关文献自行整理。

第二节　专利质量评价方法

一、评价指标的确定

高质量的专利应当具备明显的技术价值、较高的文本质量、较强的权利稳定性等特点，同时，还应具有市场应用前景、产品市场占有率、当前或未来市场控制力和竞争力等方面的优势因素。因此，高质量专利应从多维度多角度、结合每件专利实际情况进行仔细严谨的筛选。本书从专利的技术价值、战略价值、市场价值、经济价值、法律价值五个维度分析评估专利价值，从而筛选出具有一定的技术含量、法律保障全面而稳定、拥有广阔的市场或潜在市场、在布局上有一定的战略意义、在专利运营中具有经济价值的专利（见表6-2）。

表6-2　高质量专利评价指标体系

一级指标	二级指标	三级指标	指标解释	计算方法
技术价值	技术先进度	引用文献	①专利被其他主题专利引用的情况表征了专利的影响力，通常用来衡量发明专利或技术创新的质量和技术影响力。②专利引用其他参考文献反映在"背景技术"和专利说明书的其他部分。这些参考文献说明了本发明和已知技术之间的差异，并显示了本发明的新颖性。以上两项引用数据大小，一定程度上反映专利技术方案的先进程度	检索两项引用数据，结果相加，数量多分值高
		申请人数量	申请人数量，一定程度上反映专利研发投入的研究费用、专利受重视程度	检索申请人数量，数量多分值高
		发明人数量	发明人数量，一定程度上反映专利研发投入的人力资源	检索发明人数量，数量多分值高
	技术成熟度	自引用专利量	检索专利被引用数据情况，自引是指创新主体在后申请的专利中引用自己的前期申请的专利的引用形式。高自引率表明创新主体内部技术知识的相关性和连续性较好，技术相对成熟度也越高	自引用专利量高的相对技术可能越成熟
	技术应用宽度	分类号	IPC分类号，国际通用的专利文献分类方法，采用等级的形式，将技术内容注明：部—大类—小类—大组—小组，逐级分类形成完整的分类体系。分类号表征专利所涉及的技术领域	分类号涉及领域多分值高（以小类计）
战略价值	专利的攻防能力		①专利权人享有独占或排他的权利，进攻是指：对专利技术方案进行检索，判断是否有潜在的侵权对象，进而主张其他单位侵犯其专利权，主动出击，要求侵权方停止侵权并赔偿损失；②专利防御是以单位拥有的有效专利为"盾"，阻止其他单位产品或技术进入阵地，以维护自身产品市场优势的行为，质量高、数量多的专利可以在产品周围形成有效防御效果。以上两个方向检索结果汇总，形成评价参考	检索两项引用数据，结果相加，数量多分值高

续表

一级指标	二级指标	三级指标	指标解释	计算方法
战略价值	专利的时空影响力		检索目标专利首次被引证与最近一次被引证的时间跨度大小； 检索目标专利是否获得过中国专利局、地方专利奖或其他奖项信息； 检索目标专利产品有无相关新闻报告及报道主题级别； 检索目标专利是否有对相关技术领域或行业发展有突破性贡献	影响力越大分值越高；国家级—省级—市级或更小
市场价值	当前应用价值	市场规模、布局国家	检索专利是否通过 PCT 途径或巴黎公约途径向其他国家开展海外专利布局的情况；包括布局国家的数量、开展布局时间的长短；简要检索专利领域、产品对应的市场规模，专利产品市场增速信息等	规模大，布局国家多的应用价值高
		多方专利	检索专利是否是在世界上最大的三个市场（美国、欧盟和日本）寻求保护的专利	
		剩余有效期	根据专利申请日起，不同类型专利有效期时间，计算剩余年限	剩余有效期较长的专利价值高
		预期价值	检索市场上同样或类似资产的近期交易价格，经过直接比较或类比分析以估测专利价值	预期价值高的分值高
经济价值	专利权在商业环境中的应用	转让金额	通过专利转让金额、转让次数判断其经济价值	金额越高分值越高
		许可金额	专利权人可以将专利技术许可给一家或多家企业进行实施和产品销售，通过许可金额高低、许可模式、许可地、许可条件等因素判断其经济价值	
		侵权赔偿额	人民法院确定权利人的实际损失和侵权人的获利，一般以营业利润为准；也可参照专利许可使用费确定赔偿数额；因此赔偿额高通常代表专利经济价值也高	
		作价入股金额	入股金额通常由专业的评估机构对出资人的专利技术成果价值进行确定，通常评估金额高的相应经济价值也高	
		质押金额	查询质押信息，确定质押金额，金额高的相应经济价值也高	

续表

一级指标	二级指标	三级指标	指标解释	计算方法
法律价值	专利的权利稳定性	权利权稳定程度判断	通过文献相关检索，判断目标专利是否存在无效问题，进而判断专利权的稳定性；专利权稳定性越差，对抗无效请求的能力就越差，专利权稳定性越强，对抗他人无效请求的能力就越强。稳定程度高的法律价值相应越高	稳定程度高的分值高
	说明书页数	说明书详尽程度	说明书是申请人对专利的特点、应用等方面进行的详细介绍，通常来说专利说明书页数越多，专利描述越详尽，也代表着专利应用的广泛性和实用性，一定程度上反映了专利的法律价值	页数越多，分值越高
	权利保护范围	权利要求书撰写水平	权利要求保护范围：①宽广：专利权获得了超过自身技术方案的宽广的保护范围，最大限度上限制了他人实施技术方案的自由；②适当：权利要求书设计合理，技术特征经过总结提炼和上位，较大限度上限制了他人实施技术方案的自由；③较窄：无法有效限制他人实施类似或相近技术方案，技术方案容易规避等问题	专利保护范围越大，分值越高
	专利有效期	存活期	发明专利权的期限为二十年，实用新型专利权和外观设计专利权的期限为十年；通常发明的专利价值各方面普遍要高于实用新型专利	发明分值高于实用新型

（一）技术价值

技术价值是高质量专利的基础，体现了专利的内在价值，是专利技术本身带来的价值。如上文所述，高质量专利应当具备最基本的技术含量的门槛，至少应当满足专利法意义上的新颖性、创造性和实用性。本书主要针对专利的技术领先程度等方面进行评估，包括体现先进程度的引用文献、申请人数量、发明人数量，体现技术成熟度的自引用专利情况，体现技术应用宽度的分类号等。技术的比较既有横向也有纵向，横向为同类技术的高低，即所谓平行对比；纵向为技术种类的差别，即互补技术的比较。

（二）战略价值

战略价值主要是企业在领域和产业内布局的基本专利和核心专利，或为了应对竞争对手而在核心专利周围布置的具备组合价值或战略价值的钳制专利。本书主要通过专利的攻防能力以及时间和空间上的影响力进行评估，如独立权利要求数量、无效情况、异议情况、许可频次、布局国家等；对于企业而言，这些专利要么能用于较强的攻击和威胁竞争对手，要么能用于构筑牢固的技术壁垒，要么能作为重要的谈判筹码，或者兼而有之，需要综合考虑，在市场经营活动中稳固自己的优势竞争地位，最终为企业直接创造利润或者为企业创造利润扫清障碍。

（三）市场价值

市场价值指专利技术在商品化、产业化、市场化过程中带来的预期利益。市场价值主要关注市场当前应用以及未来预期的情况，如市场规模、布局国家、多方专利、剩余有效期等。预期利益是在市场竞争中获得的，因此利用专利技术所处的市场状况或采用专利技术获得的产品所处的市场状况是评估专利市场价值的关键因素之一。此外，专利的价值往往体现在产品和生产产品的工艺方法上，而产品和工艺方法的价值也会受到市场状况、竞争对手、政策导向等因素的影响。因此，需要考虑影响专利产品或工艺价值的各种因素来分析专利的市场价值。

（四）经济价值

专利的经济价值主要通过专利权在商业环境中的运用进行体现，也是专利价值的直接体现，是看得见的现金流。这些现金流可以是该专利转让行为中的转让金，或是该专利许可给其他企业实施的许可费，或是侵权赔偿额、质押和作价入股的金额，或是交换来的其他可以折算成现金流的资源等。

（五）法律价值

法律价值是专利在生命周期年内和权利要求保护范围内依法享有法律对其独占权益的保障，是专利市场化、经济化过程中的保障性因素。主要对专利的权利稳定性、权利保护范围、保护地域以及有效期方面进行评估，如权利要求数量、说明书页数、布局国家、存活期等。

二、评价方法

总价值=技术价值+战略价值+经济价值+市场价值+法律价值，数据由检索系统内部公式计算给出，结合人工筛选分析和评估，综合得出最终价值，对专利质量进行量化，并按数值高低排序。

第三节　研究结果

一、总体描述

本书选取 2020 年河北省三类科技创新平台的知识产权数据，按照所属平台地域，整理出河北省 11 个地级市省级以上科技创新平台知识产权数量，此处以数量最多的石家庄市的数据为样本进行分析。

如图 6-1 所示，2020 年石家庄市行政区域内建设的省级及以上科技创新平台（产业技术研究院、重点实验室、技术创新中心）拥有专利总量 1557件，按照前述研究方法进行价值评估，分别筛选出高价值专利 306 件，占比19.70%；中价值专利 432 件，占比 27.7%；低价值专利 819 件，占比 52.6%。

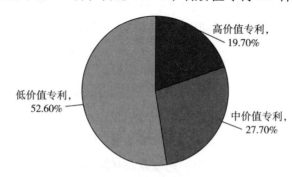

图 6-1　2020 年不同价值类型的专利分布

从专利技术领域划分，涉及新一代信息技术、新材料、食品、生物医药、农业、节能环保、建筑、机械制造、互联网、高端装备制造、服装、交通运输、化学等行业。从产业专利产出数量来看，生物医药、新一代信息技术、高端装备制造、机械制造、节能环保及农业领域专利数量较多，共计 1346 件，超过总体专利数量的 77%；而食品、服装业、互联网、冶金及建筑等行业专利数量较少，共计 200 余件，总占比不到 23%，如图 6-2 所示。

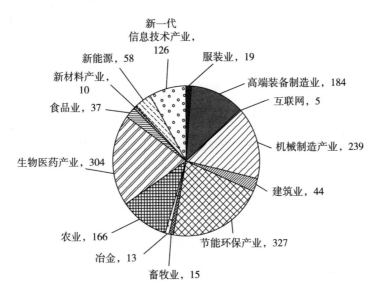

图 6-2　2020 年专利技术领域分析

二、高质量专利分析

筛选出的 306 件高质量专利中，从涉及的产业分析，前四位分别为：生物医药（34.31%），高端装备制造（21.24%），节能环保（18.95%），新一代信息技术（12.42%），如图 6-3 所示。

《河北省战略性新兴产业发展三年行动计划》提出的专项行动与重点产业，涉及大数据与物联网产业、信息技术制造业、人工智能与智能装备产业、生物医药健康产业、新能源与智能电网装备产业、新能源汽车与智能网联汽车

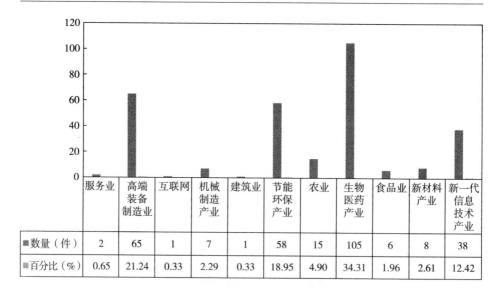

	服务业	高端装备制造业	互联网	机械制造产业	建筑业	节能环保产业	农业	生物医药产业	食品业	新材料产业	新一代信息技术产业
■数量（件）	2	65	1	7	1	58	15	105	6	8	38
■百分比（%）	0.65	21.24	0.33	2.29	0.33	18.95	4.90	34.31	1.96	2.61	12.42

图 6-3　2020 年高质量专利涉及的前四位产业

产业、高端装备制造业、新材料产业、先进环保产业、未来产业。结合近几年的专利申请和布局情况，目前高价值专利的产出与行动计划大方向比较吻合，对于新一代信息技术、节能环保、高端装备和生物医药、新材料等产业的专利技术布局与产出情况良好，较为符合政策预期，专利技术成果对产业发展具有积极的推进效果和较大贡献度。但对于大数据与物联网产业、新能源汽车、新能源与智能电网装备等产业来说，高价值专利的产出情况并不理想，单从此次专利数据和筛选结果来看，与行动计划具有偏差，有待继续加大研发投入。

此外，《河北省人民政府关于加快推进工业转型升级建设现代化工业体系的指导意见》关于加快全省工业转型升级、构建现代化工业体系等指导思想和目标中，也具体指明了产业转型升级以及优化区域产业布局的工作。其中，战略性新兴产业链涵盖范围与《河北省战略性新兴产业发展三年行动计划》基本上相同，但传统产业升级改造中还包括钢铁、石油化工、食品与服装产业；就此次专利数据分析和筛选结果而言，以上 4 个产业对应专利产出数量极少，要推动产业优化和升级，在这些领域增加技术投入和加大专利布局是必不可少的。

第七章 河北省科技创新平台的产业链与创新链关联度分析

　　创新链是由基础研究、应用开发、试制改进等多环节形成的链式结构，是科学思想萌发到科学技术产生经济社会价值的一系列创新活动的组合。产业链是由一系列具有上下游投入产出关系的生产过程所构成的链条，是由原材料、中间产品到最终产品制造所经历的各生产环节构成的集合。创新链是产业链发展的动力之源，是产业链各环节实现价值增值的基础，产业链依托创新链形成发展、升级提高。产业链带动创新成果的工程化和落地应用，是创新链落地生根的载体，同时也会对创新链发展提出新的需求，进而推动创新链升级并催生新的创新链，创新链依托产业链实现经济和社会价值。产业链与创新链就像是DNA双螺旋结构，相互依存、彼此融合、共同演进。

　　产业链与创新链融合充分体现了创新主体与生产主体的融合、科技创新和产业发展的融合、原始创新与集成创新的融合、基础研究与应用开发的融合等多方面的融合，是科技创新和产业发展的必然趋势，也是我国实现高质量发展的重要途径。创新链与产业链融合有利于优化科技资源配置、整合产学研力量。党的十九大以来，党和国家对创新链和产业链的双向融合高度重视，强调创新和科技成果的产业化。党的二十大报告提出，要"推动创新链产业链资金链人才链深度融合"，其中创新链与产业链的深度融合对于促进经济高质量发展起到关键作用。基于此，本书对河北省现有 1400 多个重点实验室、技术创新中心、产业技术研究院三类科技创新平台的科技创新活动（项目研发、成果产出）进行了分析，邀请专家从政策关联、产品关联和技术关联等方面，将创新平台所涉及的技术领域与河北省 12 大主导产业、所涉及的 18 条产业链条及所处的产业链条阶段进行了详细梳理。

第一节　主导产业和重点产业链的提出

河北省人民政府办公厅印发的《河北省建设全国产业转型升级试验区"十四五"规划的通知》中提出"增强钢铁、装备、石化、食品、医药、信息智能、新能源、新材料、现代商贸物流、文化旅游、金融服务、都市农业 12 大主导产业支撑地位，构筑先进制造业为核心、现代服务业和现代农业为两翼的现代产业体系"，到 2025 年，实现"产业结构显著优化"的目标，"传统产业加速升级，新兴产业不断壮大，制造业比重保持基本稳定，先进制造业和现代服务业成为重要支柱产业，农业基础更加稳固，产业基础高级化、产业链供应链现代化取得显著成效，12 大重点产业增加值占 GDP 比重达到 56%左右"。

中共河北省委办公厅、河北省人民政府办公厅印发的《关于加快实施科技强省行动的实施意见》的通知中，首次正式提出钢铁、石化、轨道交通装备、汽车、农业机械、食品、纺织、生物医药、太阳能光伏、氢能、大数据、机器人、现代通信、新型显示、冰雪装备、被动房（超低能耗建筑）、临空、金融科技 18 个重点产业链布局。河北省人民政府办公厅《关于贯彻落实习近平总书记在两院院士大会中国科协第十次全国代表大会上重要讲话精神进一步做好科技创新工作的意见》提出，"围绕河北省 18 个重点产业链，大力整合科技创新资源，加强原创性和引领性技术攻关，突出关键共性技术、前沿引领技术、现代工程技术、颠覆性技术，努力实现关键核心技术自主可控，打好技术攻坚'组合拳'"，并将"实施科技强链行动"列为打好关键核心技术攻坚战，推动产业链迈向中高端的首要任务。基于此，《河北省科技创新"十四五"规划》在"十四五"时期的重大任务安排和重要工作举措中，按照这18个重点产业链分三大领域明确了"打好关键核心技术攻坚战"的重点攻关方向：

在传统产业领域，围绕"突破一批关键共性技术，转化应用一批重大科技成果，研发推广一批重大战略产品"的目标，明确了钢铁、石化、轨道交通装备、汽车、食品、纺织服装、农业机械7个产业的"技术升级"重点攻关方向；在战略性新兴产业领域，围绕"关键核心技术自给自足、自主可控"的目标，提出了太阳能光伏、机器人、氢能、现代通信、新型显示、大数据、生物医药7个产业的"技术竞争力提升"重点攻关方向；在未来产业领域，围绕"加强核心技术攻关和成果转化应用，打造一批未来优势产业链"的目标。提出了冰雪装备、被动式超低能耗建筑、临空经济和金融科技4个产业的重点攻关方向，特别是被动式超低能耗建筑领域，明确指出"提升全产业链配套能力和创新能力""构建集研发、制造、设计、施工、运维各环节的全流程服务和全产业链体系"的要求。

第二节　各类创新平台的主导产业分布

截至2021年，河北省共建有1465家省级科技创新平台，其中：重点实验室307家（有17家与主导产业不相关）、技术创新中心987家、产业技术研究院171家，与河北省12大主导产业相关的有1448家，如表7-1所示。数量分布上，主要集中在制造业领域现代商贸物流、金融服务、文体旅游等服务业为主的产业领域拥有的平台数量极少，特别是现代商贸物流领域，三类平台中没有一家涉及。

表7-1 截至2021年12大主导产业领域创新平台类型数量 单位：家

序号	产业领域	重点实验室	产业技术研究院	技术创新中心	合计
1	高端装备制造	34	48	334	416
2	生物医药健康	106	29	132	267
3	新材料	25	30	159	214
4	信息智能	58	8	132	198
5	食品	9	36	70	115
6	新能源	7	7	47	61
7	钢铁	14	7	44	65
8	都市农业	21	3	33	57
9	石化	14	1	31	46
10	金融服务	1	0	4	5
11	文体旅游	1	2	1	4
12	现代商贸物流	0	0	0	0
	总计	290	171	987	1448

一、重点实验室的产业分布

截至2021年，河北省省级以上的重点实验室共307家，其中2021年新批准建设的34家。如图7-1所示，占比最大的产业领域是生物医药健康37%，

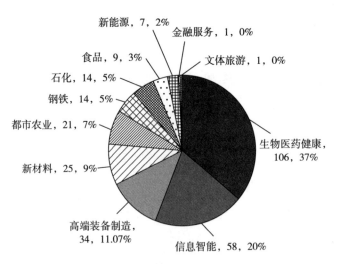

图7-1 截至2021年重点实验室的12大主导产业数量分布

其次是信息智能 20%，最后是高端装备制造 11.07%。三个领域占全部重点实验室数量的 69%。

2021 年新建的 34 家重点实验室集中在三个产业领域：生物医药健康、信息智能、都市农业，三个领域的重点实验室占总数的 67%（见图 7-2）。

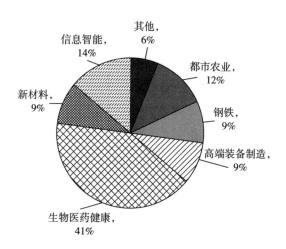

图 7-2　2021 年新建重点实验室的主导产业分布

二、技术创新中心的产业分布

截至 2021 年，河北省省级以上的技术创新中心共 987 家，其中 2021 年新批准建设 195 家，按照其主要研究方向划分，共涉及除商贸物流外的 11 大主导产业。如表 7-2 所示，占比最大的产业领域是高端装备制造，其次是新材料，生物医药健康和信息智能位列第三，占比均为 13%。四个领域占全部技术创新中心数量的 76%。

表 7-2　技术创新中心的产业领域分布

序号	分类	数量（家）	占比（%）
1	高端装备制造	334	34
2	新材料	159	16
3	信息智能	132	13

序号	分类	数量（家）	占比（%）
4	生物医药健康	132	13
5	食品	70	7
6	新能源	47	5
7	钢铁	44	4
8	都市农业	33	3
9	石化	31	3
10	金融服务	4	0
11	文体旅游	1	0

2021 年新建的技术创新中心，产业属性划分集中在四个领域：高端装备制造、新材料、生物医药健康、信息智能，数量占总数的87%，其中高端装备制造占比高达38%（见表7-3）。

表7-3　2021 年新建技术创新中心的产业领域分布

序号	产业领域	数量（家）	占比（%）
1	高端装备制造	74	38
2	新材料	40	21
3	生物医药健康	28	14
4	信息智能	28	14
5	钢铁	8	4
6	食品	7	4
7	新能源	6	3
8	石化	4	2

三、产业技术研究院的产业分布

截至 2021 年，河北省省级以上的产业技术研究院共 171 家，其中 2021 年新批准建设的 30 家。按照主要研究方向划分，共涉及除金融服务、商贸物流外的 10 大主导产业。如表 7-4 所示，占比最大的产业领域是高端装备制造，占总数的 28%；其次是食品、新材料、生物医药健康。四个领域占全部技术创新中心数量的 84%。

表 7-4　截至 2021 年产业技术研究院的产业领域分布

序号	产业领域	数量（家）	占比（%）
1	高端装备制造	48	28
2	食品	36	21
3	新材料	30	18
4	生物医药健康	29	17
5	信息智能	8	5
6	钢铁	7	4
7	新能源	7	4
8	都市农业	3	2
9	文体旅游	2	1
10	石化	1	1

2021 年新建的产业技术研究院，如表 7-5 所示，按产业属性划分集中在四个领域：高端装备制造、生物医药健康、食品、新材料，数量占总数的 86%。

表 7-5　2021 年新建产业技术研究院的产业领域分布

序号	产业领域	数量（家）	占比（%）
1	高端装备制造	8	26
2	生物医药健康	6	20
3	食品	6	20
4	新材料	6	20
5	都市农业	2	7
6	信息智能	2	7

第三节　各类创新平台的产业链分布

根据各平台的所属技术领域、服务的国民经济目标等属性，并结合平台的建设依托单位主营业务以及开展的创新活动内容，本书将全部1465家科技创新平台按照18个产业链条进行了归类，并按照其主要研发方向和内容大致确定其所在各产业链条的位置（上、中、下游）。共有1070家科技创新平台涉及18个产业链条的上、中、下游，占全部平台数量的73%，具体如表7-6所示。

表7-6　截至2021年技术创新平台的产业链数量分布　　单位：家

序号	产业链	平台数	上游	中游	下游
1	生物医药产业链	262	87	126	49
2	食品产业链	131	12	116	3
3	汽车产业链	86	59	21	6
4	现代通信产业链	71	20	33	18
5	被动房产业链	71	36	29	6
6	钢铁产业链	69	14	22	33
7	石化产业链	68	—	66	2
8	机器人产业链	58	17	11	30
9	大数据产业链	51	24	13	14
10	太阳能光伏产业链	43	—	11	32
11	轨道交通装备产业链	40	7	29	4
12	纺织服装产业链	26	4	8	14
13	新型显示产业链	20	7	4	9
14	农业机械产业链	10	1	9	—
15	氢能产业链	8	6	1	1
16	金融科技产业链	3	1	2	—
17	冰雪产业链	1	—	—	1
18	临空经济	0	—	—	—

各类平台在产业链的分布，整体数量上存在不均衡，类别上也有差异。如图 7-3 所示，绝大多数产业链中都包括了三种平台类型，技术创新中心建设数量最多。农业机械、氢能、金融科技、冰雪产业链涉及的平台类型单一，而且数量很少，面向冰雪产业链的平台仅有一个产业技术研究院（河北省冰雪产业技术研究院，位于张家口市），临空经济领域为 0 个。

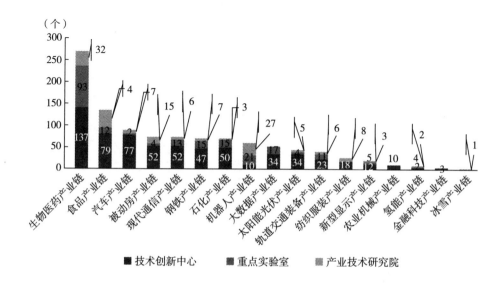

图 7-3　截至 2021 年三类平台在各产业链的分布

一、产业链中的重点实验室情况

河北省 307 家重点实验室中（见表 7-7），214 家有明确研究方向和技术领域指向的涉及 13 个产业链；10 家实验室的指向性不唯一、涉及多个产业链，83 家与 18 个重点产业链无关联，此类共 93 家。

在农业机械、纺织服装、冰雪装备、临空经济、金融科技服务 5 个产业链领域，目前尚无重点实验室的关联支撑。

表 7-7   重点实验室在 18 个产业链的分布　　　　　单位：家

序号	对应产业链	平台数	涉及产业链阶段		
			上游	中游	下游
1	生物医药产业链	93	45	22	26
2	机器人产业链	21	11	4	6
3	大数据产业链	17	5	12	—
4	钢铁产业链	15	5	7	3
5	石化产业链	15	—	15	—
6	现代通信产业链	13	5	4	4
7	食品产业链	12	5	7	—
8	轨道交通装备产业链	11	5	5	1
9	新型显示产业链	5	3	—	2
10	被动房产业链	4	3	—	1
11	太阳能光伏产业链	4	—	1	3
12	汽车产业链	2	2	—	—
13	氢能产业链	2	2	—	—
14	不涉及或多产业链	93	30	48	15
	总计	307	121	125	61

从产业链条完整性上看，战略性新兴产业群中生物医药产业链、机器人产业链、现代通信产业链的上中下游都有省级重点实验室的支撑，特别是生物医药领域，汇集了全部省级重点实验室 30% 的力量，而且实现了全产业链的丰富的科技创新平台资源覆盖。传统产业群中，只有钢铁、轨道交通装备领域具有全产业链的重点实验室支撑，而且上中下游分布比较均衡。在其他的产业领域，重点实验室的参与度较为单薄，汽车、氢能两个领域不仅实验室数量少，还仅限于产业链上游。而未来产业领域中的临空经济、金融科技服务、冰雪装备等领域，急需重点实验室的布局。

二、产业链中的技术创新中心情况

河北省 987 家技术创新中心中，642 个有明确的研究方向和技术领域指向涉及 16 个产业链，占技术创新中心总数的 65%。345 个创新技术中心的产业链指向不明确，或者涉及多个产业链或者与 17 个产业链无关联，如表 7-8 所示。

表7-8 技术创新中心在18个产业链的分布 单位：家

序号	对应产业链	平台数	涉及产业链阶段		
			上游	中游	下游
1	生物医药产业链	137	34	82	21
2	食品产业链	79	1	77	1
3	汽车产业链	77	54	17	6
4	被动房产业链	52	28	22	2
5	现代通信产业链	52	12	26	14
6	石化产业链	50	—	48	2
7	钢铁产业链	47	7	10	30
8	大数据产业链	34	19	3	12
9	太阳能光伏产业链	34	—	9	25
10	轨道交通装备产业链	23	—	21	2
11	纺织服装产业链	18	3	9	6
12	新型显示产业链	12	3	4	5
13	机器人产业链	10	3	4	3
14	农业机械产业链	10	1	9	—
15	氢能产业链	4	2	1	1
16	金融科技产业链	3	1	2	—
17	不涉及或多产业链	345	61	255	29
	总计	987	229	599	159

在冰雪装备、临空经济产业链领域，目前尚无技术创新中心的关联支撑。

从产业链条完整性上看，由于技术创新中心数量庞大，支持了大多产业（约2/3）全产业链的技术创新，五个产业链没有实现全链条覆盖，在三大类产业中都有分布：传统产业中的石油化工、轨道交通、农业机械；战略性新兴产业中的太阳能光伏，而且是产业链上游；未来产业与重点实验室的布局类似，除被动房领域外，其他三个产业的技术创新平台都存在短板，冰雪装备、临空经济两个领域为零。

三、产业链中的产业技术研究院情况

河北省171家产业技术研究院与产业链对应关系清晰，161家涉及13个产业链，覆盖面高达94.7%，未涉及的产业链有农业机械、大数据、氢能、临空经济、金融科技，如表7-9所示。

表7-9　产业技术研究院在14个产业链的分布　　　单位：家

序号	对应产业链	平台数	涉及产业链阶段		
			上游	中游	下游
1	食品产业链	40	6	32	2
2	生物医药产业链	32	8	22	2
3	机器人产业链	27	3	3	21
4	被动房产业链	15	5	7	3
5	纺织服装产业链	8	1	2	5
6	钢铁产业链	7	2	5	—
7	汽车产业链	7	3	4	—
8	轨道交通装备产业链	6	2	3	1
9	现代通信产业链	6	3	3	—
10	太阳能光伏产业链	5	—	1	4
11	石化产业链	4	1	3	—
12	新型显示产业链	3	1	—	2
13	冰雪产业链	1	—	1	
14	不涉及	10			
	总计	171	35	86	40

　　产业链条完整性覆盖方面，全链条覆盖的产业技术研究院数量共128家，占比高达74.8%。集中在食品、纺织服装、轨道交通等传统产业领域以及机器人、生物医药等战略性新兴产业。在战略性新兴产业和未来产业领域，产业技术研究院的布局空间还很大：战略性新兴产业领域，太阳能光伏、现代通信、新型显示等产业的产业技术研究院数量不多，全产业链条覆盖的目标还没有实现，氢能、大数据领域的产业技术研究院为空白；未来产业中仅有被动房产业链实现了全产业链的覆盖，冰雪、临空经济、金融科技等领域对产业技术研究院的需求尚未得到满足。

第四节　平台的创新活动与产业链
技术需求的关联度

习近平总书记多次提出"要围绕产业链部署创新链、围绕创新链布局产业链",强调"促进创新链和产业链精准对接""提高产业链创新链协同水平""促进产业链创新链深度融合"。产业链是客观产品生产制造过程的集合,创新链是推动产业升级的根本力量,而科技创新平台是集聚创新要素、汇聚创新人才和开展科技创新的重要载体,是促进创新链产业链融合、形成科技创新策源优势、提升区域原始创新能力、推动产业结构战略性转变的重要支撑。河北省建设的科技创新平台有 1400 多家,科技创新活动与重点产业链的发展需求是否一致、结合度有多高,是本书的重点。

2020 年,河北省科技创新平台在研项目共 19397 项,其中政府资金项目 10345 项、自选项目 7084 项、受托项目 1968 项。此外,还有委托外单位项目 865 项、引进消化吸收再创新项目 96 项。本书拟从这些研究项目中梳理与产业链技术需求相关的数据,按照《河北省科技创新"十四五"规划》中确定的各产业链重点技术攻关方向,分析科技创新平台的科技创新活动与产业链需求的关联程度。鉴于数据量巨大,本书选取了 2020 年的数据,从传统产业、战略性新兴产业、未来产业中分别选择一个代表性产业链,针对该产业链的重点技术攻关任务,对相关技术创新平台的研发情况进行关联度匹配。

一、钢铁产业链

钢铁是河北省传统支柱产业。《河北省科技创新"十四五"规划》提出的该产业领域技术升级重点攻关方向是:加强关键共性技术攻关,加快高端、优质、高附加值钢材产品研发和生产，重点开发战略性新型钢铁新材料，补齐产业发展短板。支持钢铁企业向装备制造、金属制品、建筑用钢结构等下游产业延伸，向冶金新材料领域拓展。《河北省建设全国产业转型升级试验区"十四五"规划》中，进一步明确钢铁产业的技术改造提升任务和目标，科技创新方面的重点工作是"提升工艺装备水平，继续实施产能减量置换技术改造，2022年底前完成1000立方米以下高炉、100吨以下转炉升级改造（铸造用生铁和特钢企业除外），全省钢铁主体装备达到国内领先水平。加快优化品种结构，提高汽车、轨道交通、核电、造船、海洋工程等行业专用钢比重，提升高强度结构钢、轴承钢、模具钢、高速工具钢、高牌号电工钢等特种钢的规模和水平，研发一批超轻金属材料、3D打印金属材料、航空航天等前沿领域合金材料，支持开发高端钒钛产品，钢铁产品综合竞争力显著增强。深入实施绿色化改造，推广高炉综合长寿、热风炉高温送风、非高炉炼铁、电炉炼钢等节能环保技术，支持发展氢冶金、直接还原铁+电弧炉、全废钢电炉短流程等低碳冶炼工艺，提高废钢资源利用水平，推动钢铁生产向能源转换、固废消纳、资源再生等综合功能拓展，力争2022年底前完成无组织排放超低排放改造"。据此，本书邀请技术专家从专业角度将这些任务进行研究，细分为七个方向，如表7-10所示。

表7-10　钢铁产业链技术攻关任务分类

序号	技术方向	包含技术内容
1	钢铁企业固废零排放关键共性技术	烧结、球团、炼铁、炼钢、轧制等工艺过程的节能减排技术
2	氢冶金技术	制氢、氢冶炼技术、氢冶炼装备等
3	钢铁冶金智能制造技术	智能制造、快速制造、大数据、流程优化等
4	超洁净钢冶炼	炼铁、炼钢、精炼等冶金新技术
5	短流程电炉炼钢	电炉炼钢技术、废钢选分技术等
6	传统型高品质钢相关技术	高强度建筑用钢、高性能海洋工程用钢、高均匀性模具钢、超高强度汽车用钢方面的共性关键技术
7	新型特种钢相关技术	航空发动机用高温合金、新能源汽车用电工钢、高端轴承钢、工模具钢、增材制造金属粉体、高性能关键零部件用钢和高品质特殊钢方面的突破性技术

由专业人员将涉及钢铁产业链的 69 个技术创新平台的各类研发项目从上述七个方向分别进行关联度评估，结果如图 7-4 所示。

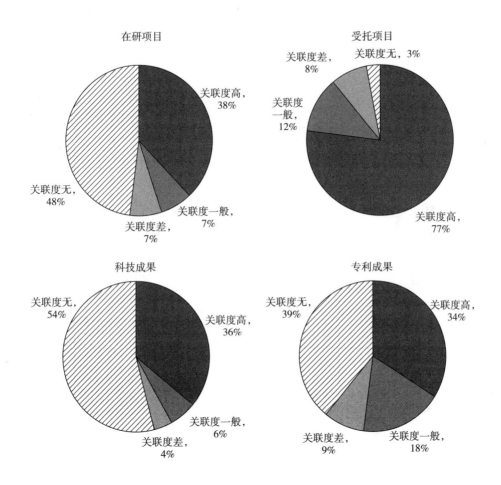

图 7-4　研发工作与钢铁产业链技术需求的关联度

承担项目中，"在研项目"共 1770 项，项目来源主要是政府资金支持的项目，部分是依托建设单位自主投入资金支持的项目（占比 18%）。这类项目中与钢铁产业链技术创新需求重点任务无关联的比例高达 48%，高关联度的比例占 38%。"受托项目"共 117 项，均为外单位委托科技创新平台开展研发的项目，高关联度项目的比例达到了77%，无关联的最少，仅占3%。

成果产出方面，"科技成果"一般是指政府资金或建设单位自主投入项目完成后的成果，"专利成果"的来源绝大多数也是这类情况。因此，这两种类型的成果与产业链创新需求重点任务的关联度比例结构相近，关联度高的占34%~36%，无关联度的占比最大，分别为54%和39%。

此外，还有一类"引进消化吸收后再创新项目"，数目仅10项，有关联的占8项，其中高关联度的有5项。

二、生物医药产业链

生物医药是关系国计民生、经济发展和国家安全的战略性新兴产业，是健康中国建设的重要基础。近年来，河北省生物医药产业规模不断扩大、产业结构持续优化，但是与发达省份相比，产学研结合的生物医药产业创新体系刚刚起步，产业规模还不够大，创新能力还不够强。《河北省科技创新"十四五"规划》提出的该产业领域技术升级重点攻关方向是：重点突破计算机辅助药物设计、人工智能药物设计和发现技术、基因编辑技术、病毒载体构建技术、核酸疫苗开发技术以及蛋白靶向降解药物、双（多）特异性抗体、抗体偶联药物、多肽类药物等新一代生物药开发技术、绿色催化与生物转化技术、亚单位疫苗多聚融合技术、新型疫苗佐剂与制剂技术、诊断标志物发现和筛选技术、诊断用抗体开发等技术；巩固提升微通道反应等流体化学技术，缓控释新型制剂技术、抗体片段工程化改造技术、高表达细胞系开发技术、生物技术药物长效制剂技术等优势技术。《河北省建设全国产业转型升级试验区"十四五"规划》进一步明确了具体任务目标，即"优化升级原料药及化学药，支持优势原料药技术创新，加快抗生素、维生素等大宗原料药升级改造，推动原料药向特色化、专利化转变。做大做强丁苯酞、双环醇片等一批重点化学药品，积极开展针对恶性肿瘤、心脑血管病等重大疾病新药研发，支持原研药、首仿药、新型制剂等药品创研及产业化。大力发展生物制药，加快发展针对重大疾病的抗体、疫苗、蛋白及多肽等生物药品，推动需求量大的重组人血白蛋白等品种产业化，探索开展干细胞技术研发、产品开发和医学示范，形成一批现代微生物药物、基因工程药物、新型生物制剂等研发及产业化成果。加快中药现代化，发展符合 GAP 规范的道地中药材种植养殖，加强中药新品种、现代中药、天然药物的研发和产业化，加快发展中药饮片、植物药提取、现代中药制剂、药用材料等高端中医药产品，鼓励中医药向功能食品、特殊医学配方食品领域延伸，支持以现代化手段开展药物设计、模拟筛选、成药性评价等，推动中药标准化、国际化"。本书邀请技术专家从专业角度将这些任务进行研究，细分为四个方向，如表 7-10 所示。

表 7-11　生物医药产业链技术攻关任务分类

序号	技术方向	包含技术内容
1	前沿技术领域	基因检测、细胞治疗、疫苗研制等领域高端医疗器械、化学创新药、中药创新药、生物技术药物的研发
2	绿色及本质安全生产技术	特色原料药和专利原料药，提高药用辅料质量和标准，加速推进制剂国际化
3	中药材标准化、规模化、规范化	连翘、金银花、黄芩、知母、北苍术、柴胡等特色中药材的高端化发展
4	生物医药产业智能化	临床需求量大的重组人血白蛋白等生物类似药和新型包装系统、注射给药装置研发和产业化

专业人员对生物医药产业链领域的 55 个科技创新平台产出的 1161 项不同类型科研项目进行了关联度分析，结果如图 7-5 所示。

"在研项目"共 843 项，有关联的占绝大多数（88%），高关联度的占比最高，达到39%。但是与委托和受托项目相比，还有很大差距，受其他机构委托开展研究的项目 75 项，高关联度的有 42 项，占比达到 56%，技术服务和技术转让活动中关联度高的项目也占到 38%，委托其他机构开展研究的项目 97 项，高关联度的有 66 项，占比 68%。

同样地，"引进消化吸收再创新项目"虽然只有 9 项，但全部有关联，高度关联的 7 项。

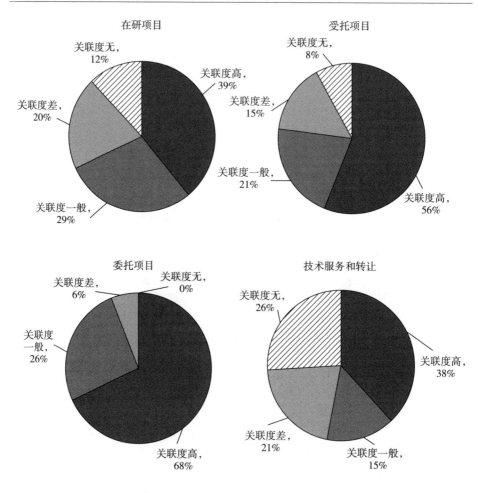

图 7-5　研发工作与生物医药产业链技术需求的关联度

三、被动房（被动式超低能耗建筑）产业链

建筑领域是实现"双碳"目标的重点领域，近零碳建筑以其全生命周期绿色低碳的运行优势，成为未来城市高品质生活和可持续发展的重要方向。河北省将被动式低能耗建筑列入"未来产业"的培育范畴，而现有的河北省技术创新平台体系中，未来产业领域的仅仅 75 家，而涉及被动房产业的却有 71 家，因此，本书选择被动房（被动式低能耗建筑）产业链作为未来产业领域

的代表。

《河北省科技创新"十四五"规划》在"培育未来产业发展新优势"方面的技术攻坚战目标是,"围绕冰雪装备、被动式超低能耗建筑、临空经济和金融科技等具有先发优势的未来特色产业,加强核心技术攻关和成果转化应用,打造一批未来优势产业链",在被动式超低能耗产业,提出了"突破密封材料、防水材料、保温材料、能源环境一体机等共性关键技术,提升全产业链配套能力和创新能力。巩固被动式超低能耗建筑产业国内领先地位,以发展高性能门窗、环境一体机、保温系统、专用特种材料等核心部品为重点,完善优化集成系统技术,探索新型运维管理模式,构建集研发、制造、设计、施工、运维各环节的全流程服务和全产业链体系"等技术重点攻关方向。《河北省建设全国产业转型升级试验区"十四五"规划》进一步细化为"发展材料及设备部品制造,围绕装配构件等结构材料、节能型装饰材料、保温密封防水等专用材料、节能门窗等,推进传统建筑材料和部品升级换代,开发新型产品,提升质量和档次,提高深加工率,着力发展高效储能、热泵、热回收设备、空气净化设备等衍生设备,研发防水隔汽膜和透气膜、真空绝热板等一批新型产品,完善产品体系。提高建筑工艺技术水平,围绕建筑节能、绿色建筑、装配式建筑,提高研发设计、施工装修、标准检测等技术水平,不断降低近零能耗建筑成本,培育装配式建造、3D打印机械与材料、工地信息化管理、智慧建造软件研发等新产业,完善建筑集成系统等全生命周期支撑体系"的具体任务。

本书将上述任务分为三大类:节能降耗的核心技术、建筑材料的关键技术、温控装备的优化技术研发和产业化。按照71家技术创新平台的主要研究方向,筛选出与该领域重点技术攻关任务密切相关的共有34家,其中2021年新建的有11家。

2020年,共承担各类研发项目496项,如图7-6所示,其中与被动房产业链领域重点技术攻关任务高关联度的项目191项,占比39%;产出各类成果271项,关联度高的95项,占比35%。

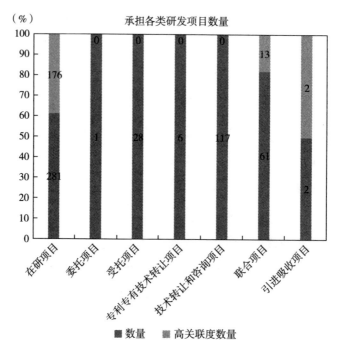

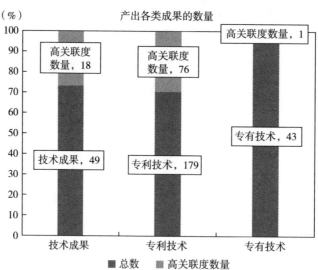

图 7-6　产业链相关性技术研发项目和成果分布

研发项目中，高关联度占比39%，集中在政府资金支持的在研项目（176项，92%）；成果产出方面，高关联度成果集中在专利技术中，占高关联度成果总数的80%。整体科研活动围绕产业链技术需求的活跃性差，且均衡性不足。

四、产业链相关技术成果梳理

本书梳理了2020年河北省科技创新平台研究成果，力图筛选出各个领域与产业及产业链关系密切的科研成果，但由于数量众多，且简单依靠成果名称很难判断实际研究内容，所以就选择了自主创新属性突出的发明专利成果进行梳理，即便这样，知识产权数量一年就有7705项（见表7-12）。因此，把分析范围进一步缩小到具有原始创新属性的发明专利成果，且区域限定在发明专利最多的石家庄市。最终，筛选出高价值发明专利成果294项，在河北省科技创新平台分为8个领域。

表7-12　2020年各创新平台产生的知识产权数量（按地域统计）单位：项

所属区域	发明专利	实用新型	外观设计	软件著作权	植物新品种	国际专利	总计
保定市	546	361	19	49	12	2	989
沧州市	136	279	9	13	2	——	439
承德市	113	99	10	14	10	——	246
邯郸市	267	253	5	19	6	4	554
衡水市	85	222	12	16	——	——	335
廊坊市	306	276	10	50	——	——	642
秦皇岛市	454	212	12	32	1	——	711
石家庄市	1067	782	45	164	21	7	2086
唐山市	347	404	16	39	——	——	806
天津市	195	38	2	5	——	——	240
邢台市	159	286	38	3	7	1	494
张家口市	62	79	4	7	11	——	163
总计	3737	3291	182	411	70	14	7705

第八章　结论与建议

　　本书从科技创新平台高质量发展理念的全视角出发，通过对前人文献及相关理论的梳理归纳，深入剖析高质量发展的核心内涵，理论与实际相结合，运用数据统计技术、对比分析方法，以真实数据为基础，全图谱梳理以科技创新平台为抓手的产业链、创新链的发展状况和短板弱项，在厘清河北省区域科技创新平台建设与发展现状的基础上，结合科技创新平台实际运行特征与要求，建立创新资源清单、关键核心技术攻关清单，一体化集成部署创新资源，努力打通产业链"堵点"和创新链"痛点"，健全科技创新与产业发展协同对接机制。

一、研究结论

　　通过对河北省三类科技创新平台的总体运行、科研能力、对外科研合作、科研服务、拥有人员、人才培养、对外交流等方面进行建设和运行情况分析，并以重点实验室为例，对科技创新平台的运行绩效进行了评价。研究发现，整体而言，河北省高端科技创新平台数量少，省内地区分布差异大；与此同时，京津冀合作已有成效，共建平台达到一定占比；从所属领域来看，半数平台分布在制造技术、材料技术、轻纺医药卫生技术、农业技术领域等河北省传统优势产业，高新技术领域覆盖较低。

以重点实验室为对象的科技创新平台绩效分析表明，25%的重点实验室绩效处于相对有效状态，即创新效率测评结果优秀；其余75%处于相对无效状态，其中25%实验室的测评结果介于50%～100%，测评结果为良好状态，其余50%实验室的测评结果为合格状态。

对河北省科技创新平台专利成果质量分析表明，河北省高质量专利比例很低，专利质量提升空间巨大。

对河北省现有1400多个重点实验室、技术创新中心、产业技术研究院三类科技创新平台取得的成果进行了分析，邀请专家将成果所涉及的技术领域与河北省12大主导产业、所涉及的18条产业链条及所处的产业链条阶段进行了梳理。结果表明：

第一，技术创新平台的布局尚未实现12大主导产业和18个重点产业链的全覆盖，而且分布极不均衡。产业方面，集中在工业制造业领域，现代商贸物流、金融服务、文体旅游等服务业为主的产业领域拥有的平台数量极少，特别是现代商贸物流领域至今没有一家。产业链方面，也存在相似的情况，技术创新平台集中在生物医药健康、食品、汽车、机器人等河北省发展较快的成熟产业。金融科技、冰雪产业、临空经济等未来产业领域的布局占比极小，冰雪产业链仅有一个产业技术研究院，临空经济产业链还没有技术创新平台涉足。

第二，科技创新活动方面，科技创新平台承担项目和主要类型的成果产出主要来自政府财政资金支持，这类项目占项目总数的70%以上，但是与产业链技术需求的关联度却不高，密切相关的项目不到40%，说明平台的科研活动没有围绕政府的战略需求和产业发展前沿开展，没有贯彻"有组织科研"的理念，政府有关管理部门的引导与监督不足。而来自其他单位委托的项目或者联合开展的项目，占平台全部研发项目的比例很小，但是与产业发展技术需求结合的紧密度却很高，这也说明各类创新平台普遍存在主动对接的意识不足情况。

第三，河北省科技创新平台成果与产业创新需求匹配度逐年上升。我省已建立的科技创新平台体系的创新成果与产业的创新需求的匹配度呈现逐年上升趋势，这说明我省创新平台在对接产业创新需求方面的能力在不断提升。分行业来看，匹配度达到中级水平的有汽车制造业、专用设备制造业和化学原料与化学制品制造业，而且这三个行业的匹配度发展趋势也都呈逐年上升趋势，说明这三个行业的企业创新需求与河北省建立的相关创新平台之间的协同发展水平达到比较满意的程度，平台的创新项目均是符合产业的创新需求的，平台的创新成果也对企业的发展起到有力的促进和支持作用。尤其需要指出的是，根据本研究测算结果，黑色金属冶炼和压延加工业、医药制造业、计算机通信和其他电子设备制造业这三个行业的创新需求程度均排在前 10 名，然而这三个行业对应的平台创新成果转移水平与产业创新需求协调发展程度较低，而这三个产业既是河北省的主导产业，又是高新技术产业，因此，需要对这三个行业对应的平台创新方向进一步加强引导。

二、政策建议

近年来，河北省科技创新平台发展不论是速度还是规模都有较快增长，但是对产业的预期贡献度还有较大差距，与产业链融合关联程度不高。同时，在布局上也存在分散、低水平重复的问题。因此，围绕产业链发展需要，科技创新平台也需要进行结构调整，作为全省科技创新平台体系的重要组成部分，处理好传统的省级科技创新平台与高能级实验室、基础科学研究中心等新形式科技创新平台的关系。在管理方面，应该有意识加强引导，有关建议如下：

第一，统筹布局新平台建设，做好顶层设计。科学控制创新平台总体规模，围绕河北省重要产业链和未来产业发展，以创新链与产业链精准对接为目标，加强科技创新平台建设的顶层设计，统筹协调科技创新平台的空间布局和建设规模，提高科技创新平台建设的针对性、有效性和集中度。制定申报指南时一定要明确本年度平台建设重点的产业领域，围绕产业链、创新链布局，强调特色、功能、定位和目标，注重各类平台衔接、互补，避免低水平交叉重复建设。

第二，加强绩效考核，完善评价方式。在绩效评估体系中增加产业、产业链有关指标，完成的工作任务必须明确体现对产业的贡献；鼓励标志性业绩，对承担的省级和国家级重大科研任务课题、产出的重大科研成果加大量化评价权重。用好竞争机制，严格末位淘汰，或取消或重组，保持平台建设的旺盛发展活力。

第三，培育市场化服务机制。引导平台充分利用自身软硬件和人才资源优势，面向全行业提供市场化服务，主要包括合同研发、产业孵化、行业服务等，通过市场化服务获取收益，以实现自身造血保障平台建设可持续发展，而不是主要依靠政府财政资金支持，多种形式鼓励创新。针对平台创新能力、自我造血能力不足的问题，以科技成果产出为主要考核目标，加大资金、设备等支持力度，鼓励其进行突破性创新；针对前沿技术创新能力不足的问题，结合各平台实际情况，加大高端人才引进力度，出台系统完善、政策优惠的高端人才引进制度，让引进的高层次人才切实为平台创新服务，并通过聘请、讲学、短期聘用、承担项目等灵活引智方式，让引进的高层次人才切实为平台创新服务。

第四，加大产学研成果转化力度。针对科技成果转化能力不成熟问题，应打通创新经脉，建设科技服务公共平台，提供包括产权交易、法律咨询、情报咨询、集合担保、投融资等公共服务，实现科技链、产业链与金融链整合。政府除了财政支持外，应致力于建立沟通企业与科研机构之间双向联系的纽带，一方面挖掘企业和市场的技术需求及产业升级需求，将需求导入到科研院所的技术研发上；另一方面引导科技创新成果走向市场和企业对接，转化为实际生产力。

参考文献

［1］ Trappey A J C, Chiang T A. A DEA benchmarking methodology for project planning and Management of new product development under decentralized profit-center business model ［J］. Advanced Engineering Informatics, 2008, 22 (4): 1-7.

［2］ Charnes A, Cooper W W, Q L Wei, Z M Huang. Cone ratio data envelopment analysis and multi-objective programming ［J］. International Journal of System Science, 1989, 20 (7): 1099-1118.

［3］ Charnes A, Cooper W W, Rhodes E. Measuring the efficiency of decision making units ［J］. European Journal of Operational Research, 1978, 6 (2): 429-444.

［4］ Wang E C, Huang W. Relative efficiency of R&D activities: A cross-country study accounting for environmental factors in the DEA approach ［J］. Research Policy, 2007, 36 (2): 260-273.

［5］ Farrell M J. The measurement of production efficiency ［J］. J. Roy. Sat. Soc., Series A, 1957, 120: 253-281.

［6］ André F J, Herrero I, Riesgo L. A modified DEA model to estimate the importance of objectives with an application to agricultural economics ［J］. Omega, 2010, 38 (5): 371-382.

[7] Lanjouw J, Schankerman M A. Patent Quality and Research Productivity: Measuring Innovation with Multiple Indicators [J]. The Economic Journal 2004, 114 (495): 441-465.

[8] Kim H D, Kim S J, Lim J T. The study for city innovation platform using living lab-based smart city service modeling [J]. The Journal of Korean Institute of Communications and Infor mation Sciences, 2020, 45 (5): 890-898.

[9] Lee D H, Bea Z T, Lee J. Performance and adaptive roles of the government-supported research institute in South Korea [J]. World Development, 1991, 19 (91): 1421-1440.

[10] Lu W J, Na X. Super efficiency dea evaluation model with gray correlation weight restriction [J]. ICIC Express Letters, Part B: Applications, 2015 (9): 2395-2400.

[11] Liu S F, Lin Y. Grey information theory and practical applications [M]. London: Springer-Verlag, 2006.

[12] L. Li, J. Y. Liu and C. Q. Fu, MCDM model based on grey correlation analysis and super-efficiency DEA [J]. Application Research of Computers, 2010 (27): 526-528.

[13] Halne M, Joro T, Korhonen P, et al. A value efficiency approach to incorporating preference in data envelopment analysis [J]. Management Science, 1999, 45 (1): 103-115.

[14] Andersen P, Petersen N C. A procedure for ranking efficient units in data envelopment analysis [J]. Management Science, 1993, 39 (10): 1261-1264.

[15] Rullw. The Academic Report on Evaluation of Laboratory [R]. MPG, 1995.

[16] Ritchie N, Newbury D. NeXL: A platform for innovation in microanalysis [J]. Microscopy and Microanalysis, 2021, 27 (S1): 2056-2058.

［17］Turban E, Aronson J E. Decision Support Systems and Intelligent Systems［M］. New Jersey: Prentice Hall, 1998.

［18］Zhang W. An empirical study on the synergic relationship between the regional Sci-Tech innovation platform and the de-velopment of strategic emerging industries［J］. American Journal of Industrial and Business Management, 2018, 8（3）: 747-759.

［19］Xu N, Chen A, Hui H. Grey correlation analysis between air pollutions and industrial structure based on super efficiency DEA with weight restriction［J］. ICIC Express Letters Part B: Applications, 2013, 4（3）: 771-776.

［20］白露. 发达国家催化优先领域突破的创新平台建设经验及启示［J］. 今日科苑, 2022（2）: 15-24.

［21］蔡建新, 田文颖. 科技创新平台产学研合作对企业双元创新绩效的影响: 基于广东省工程技术中心动态评估数据的研究［J］. 科技管理研究, 2022, 42（11）: 102-107.

［22］曹崇延, 王淮学. 企业技术创新能力评价指标体系研究［J］. 预测, 1998（2）: 67-69.

［23］陈海涛. 带有因子约束锥的 DEA 模型［J］. 数学的实践与认识, 2010（4）: 54-56.

［24］陈鑫. 科技创新平台发展现状和对策研究——以湖南省株洲市为例［J］. 技术与市场, 2022, 29（11）: 41-43.

［25］程宁波, 范文博, 田丹, 等. 科技创新平台体系建构的理论、经验启示及成都路径［J］. 决策咨询, 2021（3）: 1-6.

［26］褚景春, 王建峰, 秦明. 新能源制造企业的科技创新平台建设与管理［J］. 企业管理, 2016（S2）: 484-485.

［27］董岗, 傅铅生. 关于企业创新能力的评价模型研究［J］. 商业研究, 2004（9）: 33-36.

［28］国家及各地区国民经济和社会发展第十四个五年规划和2035年远景目标纲要［J］.中国信息界，2022（5）：110.

［29］高航，丁荣贵.工业技术研究院协同创新平台与创新绩效关系研究［J］.科技进步与对策，2014，31（24）：1-5.

［30］胡谍，王元地.企业专利质量综合指数研究——以创业板上市公司为例［J］.情报杂志，2015，34（1）：77-82.

［31］胡恩华.企业技术创新能力指标体系的构建及综合评价［J］.科研管理，2001（4）：79-84.

［32］贾子文.大数据背景下科技管理创新平台构建研究［J］.科技经济市场，2022（3）：8-10.

［33］蒋仁爱，张路路，石皓月.专利发明人合作对中国专利质量的影响研究［J］.科学学研究，2020，38（7）：1215-1226.

［34］李红涛，郭鹏.论工业技术研究院在我国科技创新体系中的作用和地位［J］.科技进步与对策，2008（2）：38-41.

［35］李斌，裴大茗，廖镇.国家科技创新平台建设的思考［J］.实验室研究与探索，2016，35（4）：170-173，178.

［36］李啸，朱星华.浙江科技创新平台建设的经验与启示［J］.中国科技论坛，2008（3）：39-43.

［37］梁昌勇，吴坚，陆文星，丁勇.一种新的混合型多属性决策方法及在供应商选择中的应用［J］.中国管理科学，2006（6）：71-76.

［38］廖东生，沈永平等.基于模糊DEA的心理战战法评估［J］.系统工程，2007，25（6）：113-116.

［39］刘思峰.灰色系统理论及其应用［M］.北京：科学出版社，2010.

［40］陆菊春，韩国文.企业技术创新能力评价的密切值法模型［J］.科研管理，2002，23（1）：54-57.

［41］刘佳琪，许紫菁.创新链视角下科技创新平台建设路径研究——以

东营市为例 [J]. 科技创新与应用, 2022, 12 (35)：16-18, 22.

[42] 刘勤, 杨玉明, 刘友华. 高价值专利评估建模与实证 [J]. 情报理论与实践, 2021, 44 (2)：122-127.

[43] 刘雪凤, 秦立超, 张笑. 专利资助政策对于中国专利质量的影响研究 [J]. 情报探索, 2020 (10)：89-94.

[44] 刘顺成, 吴晓露, 赵志娟. 基于 FAHP 的重点实验室评估方法 [J]. 科教导刊, 2010 (3)：46-47.

[45] 刘铭, 姚岳. 企业技术创新绩效评价指标体系研究 [J]. 甘肃社会科学, 2014 (4)：233-236.

[46] 刘照德. 因子分析在企业技术创新能力评价中的应用 [J]. 重庆师范大学学报, 2006, 23 (2)：75-76.

[47] 刘青. 关于建设国家科技创新平台的思考 [J]. 中小企业管理与科技 (中旬刊), 2021 (5)：114-115.

[48] 刘尧, 张静, 赵海能, 等. 四川省大型科研仪器设备开放共享平台建设研究 [J]. 技术与市场, 2021, 28 (11)：22-24.

[49] 刘钰钦. 构建大数据背景下科技管理创新平台的实践探索 [J]. 企业科技与发展, 2021 (3)：17-18, 21.

[50] 凌辉. 科学仪器、优秀人才与科技成果的辩证关系：兼论科研平台在建设创新型国家中的作用 [J]. 科学管理研究, 2014, 32 (4)：28-31.

[51] 孟敏, 乔进. 浅议科研平台与科技奖励的协同互动关系：以武汉大学为实证 [J]. 科技创新与应用, 2017 (24)：6-7.

[52] 彭柯芸, 曾令雯, 王嵩穆, 等. 基于大数据的科技创新资源建设与共享机制研究 [J]. 技术与市场, 2022, 29 (5)：131-132.

[53] 乔辉, 刘林青. 国家产业创新视角下产业技术研究院角色研究 [J]. 科技进步与对策, 2014, 31 (22)：36-39.

[54] 乔进. 关于高校科研平台建设与管理的思考 [J]. 科技风, 2015

（12）：212.

［55］宋河发，穆荣平，陈芳．专利质量及其测度方法与测度指标体系研究［J］.科学学与科学技术管理，2010，31（4）：21-27.

［56］孙利娟，邢小军，周德群．熵值赋权法的改进［J］.统计与决策，2010（21）：153-154.

［57］史扬．科研平台建设构成要素分析［J］.合肥工业大学学报（社会科学版），2009，23（2）：55-57.

［58］史振鹏，吴琼，杨国航，等．科研创新平台建设的实践与思考：以北京市农林科学院为例［J］.农业科技管理，2021，40（2）：40-43.

［59］宋东林，孙继跃．产业技术创新战略联盟运行绩效评价体系研究［J］.科技与经济，2012，25（1）：27-31.

［60］盛亚，刘越，施宇．基于多案例的科技创新平台价值创造实现路径研究［J］.科技管理研究，2022，42（16）：132-1455.

［61］盛亚，施宇．国内创新平台研究热点及趋势：基于 CSSCI 数据库的研究［J］.科技进步与对策，2021，38（2）：153-160.

［62］谈力，陈宇山．广东新型研发机构的建设模式研究及建议［J］.科技管理研究，2015，35（20）：45-49.

［63］谭金星．企业科技创新平台建设研究［J］.科技创新与应用，2016（14）：274.

［64］王广生．以创新驱动发展战略推动经济高质量发展［J］.中国井冈山干部学院学报，2022，15（5）：32-40.

［65］王蕊．基于 AHP-PCA-BP 神经网络的国防科技重点实验室综合评估研究［D］.哈尔滨工业大学硕士学位论文，2012.

［66］徐明，陈亮．基于文献综述视角的专利质量理论研究［J］.情报杂志，2018，37（12）：28-35.

［67］王青云，饶扬德．企业技术创新绩效的层次灰色综合评判模型

[J]. 数量经济技术经济研究，2004（5）：55-62.

[68] 王萍，刘思峰. 基于 BSC 的高科技企业技术创新绩效评价研究 [J]. 商业研究，2008（9）：111-116.

[69] 王倩倩. 以高质量党建全力护航党的二十大 [J]. 国资报告，2022（2）：54-58.

[70] 王守文，徐顽强，颜鹏. 产业技术研究院绩效评价模型研究 [J]. 科技进步与对策，2014，31（17）：120-125.

[71] 王志刚. 科技部部长王志刚：完善科技创新体制机制 [J]. 安装，2021（1）：3-5.

[72] 王亮伟，蒿巧利，赵晏强. 区域科技创新平台优化发展研究：以湖北省为例 [J]. 科技促进发展，2021，17（12）：2088-2092.

[73] 魏先彪. 基于创新链的国家创新型城市发展模式与评估研究 [D]. 中国科学技术大学博士学位论文，2017.

[74] 谢文栋. 江西省科技创新平台运行机制优化研究 [D]. 江西财经大学硕士学位论文，2020.

[75] 许娜，路文杰. 基于熵值权重限制的超效率 DEA 评价模型 [J]. 数学的实践与认识，2018，48（17）：285-290.

[76] 许鑫，赵文华，姚占雷. 多维视角的高质量专利识别及其应用研究 [J]. 现代情报，2019，39（11）：13-22+45.

[77] 姚毅. 我国科技成果转化的理论逻辑及对策——基于公立产业技术研究院的视角 [J]. 企业经济，2018（4）：165-170.

[78] 杨婧，张舒逸，宋微，等. 吉林省科技创新人才服务平台建设思考 [J]. 合作经济与科技，2022（3）：118-119.

[79] 苑泽明，徐成凯，金宇. 媒体关注会影响企业的专利质量吗 [J]. 当代财经，2020（3）：78-89.

[80] 邹颖辉. 玉林市中小企业科技创新孵化服务平台建设 [Z]. 广西壮

族自治区玉林市中小企业科技创新孵化服务中心，2015-06-29.

[81] 赵安中，谭军，杨晓亮，等．转制型科技企业技术创新平台建设与运行实践 [J]．科技与创新，2017（22）：36-39.

[82] 张茂琴，李光金，尚文娟．基于 Campos 指数的模糊 DEA [J]．系统工程理论与实践，2004，24（4）：41-48.

[83] 张海瑞，韩冬，刘玉娇，等．基于反熵权法的智能电网评价 [J]．电力系统保护与控制，2012，40（11）：24-29.

[84] 张丽红，陈柏强，平媛．科技创新平台协同运行机制影响因素研究——以北京市为例 [J]．科技创新与应用，2021，11（19）：16-18.

[85] 朱雪忠，万小丽．竞争力视角下的专利质量界定 [J]．知识产权，2009，19（4）：7-14.

[86] 朱天曈，丁坚勇，郑旭．基于改进 TOPSIS 法和德尔菲——熵权综合权重法的电网规划方案综合决策方法 [J]．电力系统保护与控制，2018，46（12）：91-99.